东北振兴与东北亚区域合作

Revitalization of Northeast China and Regional Cooperation in Northeast Asia

总第七辑（2021 年第 1 期）

林木西　主编

中国财经出版传媒集团
经济科学出版社
Economic Science Press

图书在版编目（CIP）数据

东北振兴与东北亚区域合作．总第七辑：2021年．第1期/林木西主编．—北京：经济科学出版社，2021.11

ISBN 978-7-5218-2972-3

Ⅰ．①东…　Ⅱ．①林…　Ⅲ．①区域经济发展-研究-东北地区②东北亚经济圈-区域经济合作-研究
Ⅳ．①F127.3②F114.46

中国版本图书馆CIP数据核字（2021）第212780号

责任编辑：于　源　冯　蓉
责任校对：李　建
责任印制：范　艳

东北振兴与东北亚区域合作
林木西　主编
经济科学出版社出版、发行　新华书店经销
社址：北京市海淀区阜成路甲28号　邮编：100142
总编部电话：010-88191217　发行部电话：010-88191522
网址：www.esp.com.cn
电子邮箱：esp@esp.com.cn
天猫网店：经济科学出版社旗舰店
网址：http：//jjkxcbs.tmall.com
北京密兴印刷有限公司印装
787×1092　16开　10.5印张　210000字
2021年12月第1版　2021年12月第1次印刷
ISBN 978-7-5218-2972-3　定价：42.00元
（图书出现印装问题，本社负责调换。电话：010-88191510）

主办： 辽宁大学东北振兴研究中心
协办： 辽宁省东北地区面向东北亚区域开放协同创新中心
辽宁省区域经济发展研究基地
辽宁省东北（辽宁）振兴政策分析与评价重点实验室

《东北振兴与东北亚区域合作》编委会

（以姓氏笔划为序）

前言

PREFACE

经过辽宁大学东北振兴研究中心、辽宁省东北地区面向东北亚区域开放协同创新中心的认真准备和相关研究人员、编辑的共同努力，致力于东北及东北亚经济研究的这本专业学术文集正式出版，这是我们在推动东北及东北亚经济研究方面的又一项重要努力，也为相关研究人员、专家学者进行学术交流、展示学术成果、扩大学术影响提供了又一重要媒介平台。

2017 年，辽宁大学应用经济学科入选教育部建设世界一流学科序列，是东北地区唯一一家入选的经济学科；同年，辽宁大学东北振兴研究中心入选中国智库索引（CTTI）来源智库。“东北地区面向东北亚区域开放协同创新中心”于 2014 年获批为辽宁省协同创新中心。上述单位多年来致力于东北及东北亚经济、区域经济方面的研究，先后获批相关领域国家级重大、重点项目十多项，产生了一批标志性成果，为推动区域经济发展发挥了重要作用。

当前，中国特色社会主义进入新时代，东北经济发展、东北亚区域合作出现许多新情况与新问题，面临许多新挑战与新机遇，也给学术界提供了许多亟待研究的新课题。目前，国内外对于东北经济问题非常关注，学术界也已经形成东北振兴战略实施以来的第二波研究高峰。辽宁大学应用经济学科在学科建设规划中，继续将东北振兴与东北亚区域合作作为教学科研主攻领域，希望与学界同仁共同努力，推动相关研究进一步深入，为东北振兴与区域发展贡献力量。

《东北振兴与东北亚区域合作》集聚了具有较高质量的东北振兴、东北亚区域合作及相关领域的研究论文、综述、调查报告。主要涵盖了“东北经济”“东北亚区域合作”“一带一路”“区域经济”“产业经济”“宏观经济”“理论热点”“书评”等方面的内容。特别欢迎有关东北体制机制、经济结构、东北经济史、非正式制度与正式制度分析、东北亚政治经济最新发展等方面的原创性论文及文章。

求道无篱，经世致用，《东北振兴与东北亚区域合作》坚持理论联系实际，鼓励学术创新争鸣，努力营造自由、平等、宽松、严谨的学术研究环境氛围。学术乃天下之公器，文章为经国之大业。我们感谢学界同仁对文集的支持与帮助，愿与大家一起，齐心合力，为推动东北经济研究进一步深入而努力奋斗。

林木西

2018 年 6 月

目录
CONTENTS

十九大以来习近平关于东北发展重要论述综述*

和　军　樊玉仙**

摘　要： 深入推进东北地区的振兴发展，是以习近平同志为核心的党中央作出的重大战略部署。党的十九大以来，东北振兴虽有成绩但仍面临民营经济未充分发展、新旧动能转换不足、生态环境破坏严重、民生领域薄弱环节较多等诸多挑战的局面，习近平从营造良好的营商环境和法治环境、加快实现工业转型升级、加强生态环境保护、坚定不移保障和改善民生等方面作出一系列重要论述，为东北振兴提供了重要指引。本文梳理、总结了十九大以来习近平关于东北发展的重要论述内容，并对其进行系统解读，以期更好指导东北地区实现全面、全方位振兴发展。

关键词： 十九大　习近平　东北发展重要论述

“实施区域协调发展战略”是十九大报告中的明确要求，加快东北老工业基地振兴在国家战略大局中具有重要意义。随着东北振兴进入爬坡过坎、滚石上山的关键阶段，东北经济也迎来了转型关键期。在国内外形势发生深刻复杂变化的大背景下，东北地区能否抓住历史机遇、克服突出矛盾关系到新一轮东北振兴的顺利实现与经济发展新局面的形成，习近平高度重视深入推进东北振兴发展这一重大课题。党的十九大以来，习近平两次到东北进行实地考察调研，并在沈阳主持召开深入推进东北振兴专题座谈会，多次在全国两会期间参加内蒙古代表团审议。四年来，在党的十九届五中

* 基金项目：国家社会科学基金重大项目“振兴东北老工业基地重大体制机制问题及对策研究”（17ZDA060）的阶段性成果。

** 作者简介：和军（1972～），男，山西大同人，辽宁大学经济学院教授，博士生导师，研究方向：东北经济、规制经济学。樊玉仙（1997～），女，山东淄博人，辽宁大学经济学院硕士生，研究方向：区域经济。

全会、中央经济工作会议、中央财经委员会第五次会议、中央深改委第十四次会议上，在2019工业互联网全球峰会、企业家座谈会、经济社会领域专家座谈会上等多种场合，习近平就东北如何在新时期破解发展难题、开创振兴新格局发表重要讲话，提出许多新观点、新思路、新要求与新举措，为加速推进东北地区的全面振兴、全方位振兴提供了强大动力和理论支持，指明了实践路径与前进方向。为系统掌握并全面贯彻习近平关于东北发展的重要论述精神，本文根据论述内容分成九个方面进行综述。

一、优化营商环境以壮大民营经济

良好的营商环境既是竞争力，又是生产力。作为一方经济软实力的重要体现，营商环境的优劣关系到经济资源要素能否广泛聚集，关系到一个地区的经济社会发展状况。近年来，由于计划经济惯性较大、体制机制包袱较重等原因，东北地区对民营经济的作用认识不足，政府服务跟进不到位，对民营企业政策给得较少、取得过多，再加上法治意识缺乏，导致“权大于法”“以权代法”的现象时有发生，东北营商环境饱受“关门打狗”“投资不过山海关”等舆论诟病，使得打算来东北地区投资兴业的企业家们望而却步。党的十九大以来，习近平对优化东北地区营商环境、发展壮大民营经济多次发表重要讲话，高屋建瓴、击中要害，为东北各省区营商环境建设指明了道路。

2018年9月，习近平到东北三省考察调研，在视察辽宁忠旺集团时强调，“党中央历来支持和鼓励民营企业发展，党的十八大以来党中央出台一系列扶持民营经济发展的改革举措，民营企业要坚定信心。要坚持两个‘毫不动摇’，为民营企业发展营造良好的法治环境和营商环境，依法保护民营企业权益，鼓励、支持、引导非公有制经济继续发展壮大。”习近平充分肯定了非公有制经济的地位，表达了党中央致力于为民营企业营造良好发展环境的决心，为民营企业吃下了安心谋发展的定心丸。当下，民营经济已经成为推动社会主义市场经济发展不可或缺的力量，优化营商环境以壮大民营企业是振兴东北经济的关键点，不改善东北地区的营商环境与萎缩的民营经济之态，很难使得东北经济焕发新生。

习近平还强调：“民营企业要进一步弘扬企业家精神、工匠精神，抓住主业，心无旁骛，力争做出更多的一流产品，发展一流的产业。”民营企业家作为参与经济活动的重要主体，长期以敢为人先的创新意识与锲而不舍的奋斗精神不断创新、艰苦奋斗，在创造就业岗位、积累社会财富、促进经济发展等方面做出了突出贡献。东北地区要积极弘扬优秀的企业家精神和工匠精神，持续为民营企业家营造健康的成长环境，使得民营企业家能够心无旁骛抓住主业，努力创造更多一流产品、发展一流产业，继续为实现“两个一百年”奋斗目标添砖加瓦。

2020 年 7 月，习近平在吉林考察时进一步要求东北地区“培育市场化法治化国际化的营商环境”，为东北打造一流营商环境明确了重要着力点。

公平竞争的市场环境是影响企业投资发展信心的关键因素。东北地区优化营商环境首先要营造公平竞争的市场环境，要充分发挥市场在资源配置中的决定性作用，更好地发挥政府作用，要善于运用市场化手段、通过市场竞争来实现企业的优胜劣汰与资源的优化配置，规范市场秩序（和军，2015）。

习近平强调，“法治是最好的营商环境”，公正透明的法治环境最能够聚人聚财，把优化营商环境全面纳入法治化的轨道，对东北营商环境的持续改善意义重大，东北地区“要把平等保护贯彻到立法、执法、司法、守法等各个环节，依法平等保护各类市场主体产权和合法权益”。以硬性要求为市场主体的公平竞争增加砝码，依靠法律手段为市场主体保驾护航。

东北营商环境的改善同样离不开良好的政商关系。2020 年 7 月，习近平在企业家座谈会上明确指出，“构建亲清政商关系。各级领导干部要光明磊落同企业交往”“同时要坚决防止权钱交易、商业贿赂等问题损害政商关系和营商环境”。东北各级政府必须以习近平阐述的新型政商关系为准则，以“营造风清气正、昂扬向上的社会氛围”为方向，公私分明、掌握分寸地同企业家打交道，“了解企业家所思所想、所困所惑”，真心实意为企业办实事、办正事，坚决杜绝权钱交易、商业贿赂等危害政商关系与营商环境的腐败行为，使得良好的政商关系成为东北营商环境优化之路上的垫脚石。

东北地区只有以习近平的重要论述精神为引领，对标国际先进的营商环境水平，坚持不懈朝着营造市场化法治化国际化的营商环境迈进，才能为民营经济发展提供成长壮大的沃土，才能使东北成为吸引高质量发展要素的“磁场”。

二、深化国企改革以提高竞争力

国有企业作为实体经济的核心、国之重器，对国企集中的东北地区经济发展更是起到了重要的支撑作用。然而，随着我国经济进入新常态，经济下行压力加大，以重工业和资源型经济为主的东北国有企业面临着脱离计划经济过程中的转型乏力、矿产资源损耗严重引发资源枯竭、优势产业拉动工业经济作用不强且低端产业产品占比高等棘手问题（曾燕南，2019），给东北经济的健康发展带来了严峻挑战。国有企业改革作为振兴东北经济的重要一环，是重新激发、释放东北老工业基地活力而必须打赢的攻坚战和持久战。党的十九大以来，习近平多次在讲话中为东北地区艰巨的国企改革任务把脉定向、指路领航。

“我们的国有企业要继续做强做优做大，那种不要国有企业、搞小国有企业的说法、做法是错误的、片面的。任何怀疑、唱衰国有企业的思想和言论都是错误的。”2018 年 9 月，习近平在东北三省做调研时，坚定地指出了国有企业具有不可替代的作用和地位，鼓励在国有企业工作的同志要有信心。他还强调，国有企业并非一成不变，需要不断地改革创新和自我完善发展，需要始终坚持党的领导这一重大政治原则，朝着建立现代企业制度的改革方向不懈前进，“努力实现质量更高、效益更好、结构更优的发展”。

2019 年 8 月，习近平在中央财经委员会第五次会议上进一步强调，“东北地区要加快国有企业改革”。并在 12 月召开的中央经济工作会议上表示，2020 年“要深化科技体制改革，加快科技成果转化应用，加快提升企业技术创新能力，发挥国有企业在技术创新中的积极作用”。集中力量加快科技攻关、争做技术创新的排头兵是东北地区国有企业提高核心竞争力、做强做优做大的必由之路。

2020 年 6 月，在习近平主持下，中央全面深化改革委员会第十四次会议审议通过了《国企改革三年行动方案（2020 - 2022 年）》，成为推动新发展阶段下国有企业改革纵深发展的纲领性文件。10 月，党的十九届五中全会通过了“十四五”规划建议，“深化国资国企改革，做强做优做大国有资本和国有企业。加快国有经济布局优化和结构调整……加快完善中国特色现代企业制度，深化国有企业混合所有制改革。健全管资本为主的国有资产监管体制，深化国有资本投资、运营公司改革”。为全国以及东北地区的国有企业在“十四五”时期如何抓住主要矛盾、补齐短板弱项，如何进一步向改革要活力以展现出新的面貌，如何于危机中育先机、在变局中开先局做出了科学规划。

在习近平的反复强调下，东北各级政府积极响应党中央的号召与政策，加快国企国资改革，加大国企混改力度，取得可喜成果。辽宁省国企改革向深水区持续挺进且成效明显，在 2018 年实现了地方重点国有企业的营业收入达到 4243 亿元，2019 年 7 月《辽宁省企业国有资产监督管理条例》为进一步完善企业国有资产的监督管理提供了法律依据，体现了辽宁省深化国企改革的决心。吉林省以习近平关于国企改革的重要论述为引领，大胆闯、敢尝试，在国企改革深化、资本布局优化、国有资产监管、投资运营公司组建以及企业转型发展等方面取得了阶段性进展。黑龙江省也不甘落后，从 2016 年制定 7 个针对全面深化国企改革的实施意见，到 2017 年完成 11 户出资企业的二三级子公司混改（王玮、桑蕾，2018），再到 2019 年揭牌成立省级七大产业投资集团（杨海全，2019），从此步入了国有企业发展改革的新阶段。内蒙古自治区也在2019年出台了《内蒙古自治区深化国资国企改革两年攻坚行动方案(2019－2020年)》，为解决制约本区国企发展的典型问题提出具体的解决方案。

从习近平的重要论述及多方释放的信号来看，国有企业改革已成为全面振兴东北的关键词之一。东北大地上，处置"僵尸"企业、创新管理模式、企业兼并重组、混合所制改革……一条条务实举措、一项项针对性改革相继渐进地展开。东北国有企业正在全方位深化改革的道路上"朝着问题奔去"，实践中寻差距、思想上找原因，给东北振兴带来新气象、增添新活力。

三、完善体制机制以激发市场活力

20世纪90年代以前，作为我国最重要的工业基地，东北地区为国家发展作出了不可磨灭的历史性贡献。然而，21世纪以来，随着我国计划经济体制逐渐向社会主义市场经济体制过渡，在新中国实行最长时间计划经济的东北地区发展遇到了重重困难，体制机制矛盾日益凸显、市场活力明显不足，在全国的经济总量排名不断下降。以习近平同志为核心的党中央清醒意识到不破解东北地区体制机制难题，难以激发市场活力、难以实现东北的全面振兴，东北地区完善体制机制势在必行。

2016年11月，国务院批复原则同意通过了《东北振兴"十三五"规划》，关于"十三五"时期全面振兴东北的第一个基本要求便是"坚持把着力完善体制机制作为东北老工业基地振兴的治本之策"。确立了"到2020年，东北地区体制机制改革创新和经济发展方式转变取得重大进展"的振兴目标。2017年10月，习近平在十九大报告中进一步提出，"深化改革加快东北等老工业基地振兴""着力构建市场机制有效、微观主体有活力、宏观调控有度的经济体制"。在东北地区，不深化改革就无法从根本上破除体制机制障碍、就无法形成"一个同市场完全对接、充满内在活力的体制机制"，就不可能实现东北的全面振兴发展。

党的十九大以来，党中央、国务院多次对东北地区完善体制机制以激发市场活力表达重视并作出指示，为打破东北地区的体制机制束缚、提高市场化程度开出良方。

2018年9月，习近平在沈阳座谈会上明确指出东北发展还存在着体制机制、思想观念等"四大短板"，并在东北之行结束之际提出了32字寄语，其中"解放思想"是首要要求。破除东北地区体制机制障碍、激发市场活力的关键在于转变人的思想观念。东北干部群众要将自身思想与习近平新时代中国特色社会主义思想相统一，从解决实际问题出发，真正将解放思想的讨论转变为创新性的思路、政策和环境。只有先进行思想的大解放、提高竞争意识和市场意识，才会有改革的大突破，才会实现制度的大创新和力量的大凝聚。

2019 年 6 月，国务院振兴东北地区等老工业基地领导小组组长李克强在主持召开领导小组会议时强调，“要切实转变观念，加大力度刀刃向内转变政府职能”“努力在推进‘放管服’改革……走在前列”“各部门要在简政放权上给予东北更大支持”。8 月，习近平在中央财经委员会第五次会议上进一步强调，东北地区“要加快转变政府职能，大幅减少政府对资源的直接配置，强化事中事后监管，给市场发育创造条件”。

打破东北原有的体制机制障碍，形成新的体制机制以适应社会经济发展的需要，最重要的一步便是加快转变政府职能。而正确处理政府与市场之间的关系，则是转变政府职能的根本途径。不能理顺政府与市场的关系，政府职能就会继续暴露出“错位”“越位”和“缺位”的问题，就无法解决体制机制弊端。东北政府只有转变观念、摒弃官本位思想和统制经济思维，深入推进“放管服”改革，减少对资源的直接配置，才能克服管得过多、过细和过死的问题，才能放开放活市场、激发市场活力。加强对各级政府的权力监督与约束也是完善东北地区体制机制的重点难点。

为解决东北发展面临的种种困难，东北地区必须深入贯彻习近平的重要讲话精神，抓住问题产生的源头，深化改革以消除“强政府、弱市场”的体制机制弊端。必须以改革的思维与办法大力推进制度创新，既要完善增强市场竞争意识、激发市场活力的制度安排，又要改善鼓励创新创业的体制机制环境。只有将有为政府与有效市场结合起来，才能扭转东北地区经济社会发展缓慢的局面，为东北人民的高品质生活提供优良土壤。

四、调整产业结构以促进转型升级

东北地区作为新中国工业的摇篮，拥有一批关系到国民经济命脉和国家安全的战略性产业，在国家工业体系与国民经济体系的建设和完善、国家改革开放及现代化建设中起到了至关重要的作用。近年来，在市场经济条件下，东北地区传统而固化的产业结构愈发不适应当地及国家整体经济的发展要求，产业结构重型化单一化、第三产业发展较缓慢、创新驱动明显不足等结构性问题（和军，2019）逐渐显露，严重制约了东北经济发展的空间和潜力。

习近平十分重视东北地区的产业结构调整问题，多次在讲话中为加快实现东北产业结构转型升级点明“破题”方法。

面对东北产业转方式调结构遭遇的困境，2016 年，习近平在黑龙江考察调研时，就为东北地区产业发展指明了“改造升级‘老字号’、深度开发‘原字号’、培育壮大‘新字号’”的努力方向。做好这三篇结构调整的大文章，是东北地区形成产业发展的新增长点、构建产业结构新格局的必要途径。

2017 年 10 月，习近平在十九大报告中明确提出，要“着力加快建设实体经济、科技创新、现代金融、人力资源协同发展的产业体系”。建设以实体经济为主体、以科技创新为动力、以现代金融为血脉、以人力资源为宝贵资源的现代化产业体系是在中国特色社会主义新时代背景下建设现代化经济体系的战略性举措，也是推动东北老工业基地产业结构转型升级、实现全面振兴的关键之举。

2018 年 9 月，习近平在东北三省考察时强调，“要依靠创新把实体经济做实、做强、做优，坚持凤凰涅槃、腾笼换鸟，积极扶持新兴产业加快发展，尽快形成多点支撑、多业并举、多元发展的产业发展格局”。实体经济是我国在国际竞争中掌握主动权的根基，靠实体经济起家的东北老工业基地实现新一轮振兴离不开做实做强做优实体经济。创新是引领发展的第一动力，东北地区要加大创新投入，依靠创新来促进实体经济与大数据、互联网、人工智能的深度融合，提高实体经济的竞争力，同时要加快发展新兴产业和未来产业，着力打造传统产业与新兴产业并驾齐驱、相互促进的产业发展新格局。

2019 年 8 月，在中央财经委员会第五次会议上，习近平进一步强调，“全面振兴不是把已经衰败的产业和企业硬扶持起来，而是要有效整合资源，主动调整经济结构，形成新的均衡发展的产业结构”。东北地区的产业转型并非硬扶持起那些能耗高、科技含量低、创新意识差、发展潜质弱的老旧企业，而是从经济发展的需要和提高资源利用效率的角度出发，对这些发展缓慢的低能企业进行取缔重组，更加科学地调整三次产业比重，使整个产业结构均衡、协调发展。

本次会议上，习近平还要求东北“加强传统制造业技术改造”“促进资源枯竭地区转型发展，加快培育接续替代产业，延长产业链条”“加大创新投入，为产业多元化发展提供新动力”。东北地区要加强科技创新攻关，通过创新为产业的多元化发展注入新动力，既要借助信息化和智能化来推动传统制造业优化升级，又要重视资源枯竭地区接续替代产业的培育，加快产业链向下游延伸。

2020 年 7 月，习近平在吉林考察时进一步要求东北“把提升全产业链水平作为主攻方向，加强新型基础设施建设，加快建设产学研一体化创新平台”。东北地区目前全产业链发展水平偏低，产业链自主可控能力弱、韧性不足等问题突出，必须加强上下游企业的产业协同与技术合作攻关，努力推动全产业链的优化升级。要扩大新型基础设施建设，促进产学研结合，加快创新成果向现实生产力的转化。

东北地区只有在习近平重要讲话指导下，积极主动地调整产业结构，着力推进产业结构转型升级，才能使产业向集聚化、高端化、智能化迈进，才能闯出发展新路子。

五、以科技创新催生新发展动能

习近平在十九大报告中指出，“我国经济已由高速增长阶段转向高质量发展阶段，正处在转变发展方式、优化经济结构、转换增长动力的攻关期”。对新时期我国经济发展给予了新定位。随着全国经济进入高质量发展的新阶段，传统动能对经济发展驱动力逐渐减弱，新动能逐步成为推动经济发展的核心动力，东北也迎来了新旧动能转换的关键期。当前，东北地区在新产业和技术投资、新业态成长等方面在全国四大板块中水平较低，新动能增长乏力（郑世林、熊丽，2021）。如何在新的经济发展条件下加快培育经济新动能、完成东北地区新旧动能顺利转换是十九大以来习近平倾心关注的大事，也是东北四省区实现经济新增长的重要任务。

2018 年 9 月，习近平在深入推进东北振兴座谈会上，对东北地区提出了“以培育壮大新动能为重点，激发创新驱动内生动力”的要求。2020 年 7 月，习近平在吉林考察时进一步强调，“一定要注重经济高质量发展，着力推动经济发展质量变革、效率变革、动力变革，增强经济竞争力、创新力、抗风险能力”。

增强创新能力、加快新旧动能转换是东北地区提高经济竞争力、实现高质量发展、有效应对新形势下风险与挑战的根本途径。东北地区必须在新发展理念指引下，以创新为引擎，加快实现发展模式、技术、业态、材料和能源的新旧转换，一方面为旧动能找市场、寻出路，另一方面积极培育壮大新动能，着力提升经济发展的内生动力。

2019 年 10 月，2019 工业互联网全球峰会在沈阳召开，习近平在贺信中指出，“当前，全球新一轮科技革命和产业革命加速发展，工业互联网技术不断突破，为各国经济创新发展注入了新动能”。2020 年 8 月，习近平主持召开经济社会领域专家座谈会，他强调，“以科技创新催生新发展动能。实现高质量发展，必须实现依靠创新驱动的内涵型增长。我们更要大力提升自主创新能力，尽快突破关键核心技术”。并表示，“这是关系我国发展全局的重大问题，也是形成以国内大循环为主体的关键”。

科技是第一生产力，在当今经济社会发展中带动作用日益增强。催生新发展动能必须紧紧依靠科技进步和创新驱动。东北地区要把握国际国内形势，深刻认识到提高科技创新能力、催生新发展动能的必要性和紧迫性，要重视工业互联网技术的创新发展，大力支持数字经济和高技术制造业，努力从“东北制造”向“东北创造”、进一步向“东北智造”转换，促进内涵式发展。再者，实现科技创新突破离不开人才，科研人员是最活跃的创新要素。作为我国科研人员、产业工人和“双一流”高校最集中的地区之一，东北应充分发挥本地区的人才优势，提高科技产出效率，释放人才与技术红利，使人才成为新旧动能转换的支柱。

2019年8月，习近平在中央财经委员会第五次会议上对推进东北全方位振兴作出指示，“东北地区建设现代化经济体系具备很好的基础条件”，要“善于扬长补短，发展新技术、新业态、新模式，培育健康养老、旅游休闲、文化娱乐等新增长点”。在习近平的重要讲话精神引领下，东北各省区因地制宜，大力发展新技术、新业态和新模式，并出台一系列工作方案以培育养老、文化和旅游等新的消费增长点，使得现代服务业成为推动东北地区经济增长的新动能。黑、吉、辽更是紧跟习近平“冰天雪地也是金山银山”的理念，借助得天独厚的冰雪优势，积极促进冰雪文化、冰雪旅游、冰雪运动和冰雪装备的协同创新发展，努力打造冰雪经济的发展高地。

以科技创新催生新发展动能是东北地区在“十四五”时期必须做好的重要课题。只有不断夯实科技创新基础、加快培育高质量发展的新动能，才能为东北地区塑造更多引领型发展，打造未来发展新优势。

六、改善生态环境以推动绿色发展

“中国特色社会主义进入新时代……人民美好生活需要日益广泛，不仅对物质文化生活提出了更高要求，而且在民主、法治、公平、正义、安全、环境等方面的要求日益增长。”习近平在十九大报告中强调，在我国发展的新的历史方位下，人民群众不仅追求更多的物质财富和精神财富，而且对生态环境等方面的需求也日益增长。

东北作为保卫我国北方生态安全的“屏障”，在维护国家生态安全中具有突出战略地位。近年来，由于经济发展过程中对生态环境保护力度不足，打破了当地生态平衡，森林生态功能衰退、草地沙化退化盐碱化、耕地开发饱和、水质污染等环境问题日渐严重，极大透支了东北地区的发展潜力。习近平十分关心东北地区的生态文明建设与东北人民对优美生态环境的需要，多次对东北的生态恢复与保护情况进行调研考察并发表一系列重要论述，为东北地区实现生态崛起与绿色发展提供了根本遵循。

2018年9月，习近平到吉林查干湖视察，面对昔日生态环境恶化严重的查干湖如今是一片生机盎然的景象，习近平充分肯定了查干湖生态环境获得根本好转的成功经验，并表示“保护生态和发展旅游相得益彰，要坚持走下去”。他还强调，“良好生态环境是东北地区经济社会发展的宝贵资源，也是振兴东北的一个优势。要把保护生态环境摆在优先位置，坚持绿色发展”。

“生态就是资源、生态就是生产力。”坚持生态优先、推动绿色发展是东北地区实现可持续发展的必然要求。只有充分发挥并不断提升自身的生态环境优势，利用好生态环境的杠杆着力推进振兴发展的绿色脉动，才能冲破衰退发展的循环，使东北老工业基地的绿色转型焕发生机。

在深入推进东北振兴座谈会上，习近平就东北地区的生态文明建设进一步提出要求。他强调，东北地区要更好地支持生态建设，“巩固提升绿色发展优势”“要贯彻绿水青山就是金山银山、冰天雪地也是金山银山的理念，落实和深化国有自然资源资产管理、生态环境监管、国家公园、生态补偿等生态文明改革举措，加快统筹山水林田湖草治理，使东北地区天更蓝、山更绿、水更清”。

东北三省份要认真贯彻落实习近平的重要讲话精神，“像对待生命一样对待生态环境”，始终践行绿水青山、冰天雪地都是金山银山的绿色发展理念，深化国有自然资源资产管理与生态环境监管等方面的改革，深度统筹山水林田湖草的自然环境治理，巩固并强化绿色发展优势，坚定不移走生产、生活与生态良性互动的文明发展道路，努力建设天蓝山绿水清的美丽东北。

2020 年 7 月，习近平在吉林考察时进一步强调，“要牢固树立绿水青山就是金山银山的理念，实施好重大生态工程”。根据《全国生态功能区划》，东北地区目前拥有占全国 1/7 的重要生态功能区，数量达到 9 个。自 21 世纪初开始实施天然林保护工程、退耕还林工程等重大生态工程以来，东北地区的生态系统服务能力有了较明显提升，但仍面临着幼龄与中龄林比重高、退耕林的质量偏低、农业与湿地在土地和水资源利用上存在争夺等严重问题（城市森林与湿地学科组、地理景观遥感学科组，2021）。解决这些问题必须坚持习近平“绿水青山就是金山银山”的理念，进一步实施好天然林保护工程、退耕还林工程等重大生态工程，增加对退耕还湿专项工程的财政支持，持续推进对东北地区的环境治理与生态保护。

习近平关于促进东北地区生态文明建设的重要论述，立足现实、着眼长远，对东北地区经济与环境、人类与自然的协调可持续发展具有重要意义。改善东北生态环境、推动绿色发展任重而道远，但我们坚信，在习近平的生态文明思想引领下，“只要勤劳肯干，守着绿水青山一定能收获金山银山”。

七、依靠农业科技推进农业现代化

东北地区拥有世界四大黑土区之一的东北黑土地区，具有得天独厚的农业发展优势，是我国重要的粮食主产区，多年来对保障国家的粮食安全作出了重大贡献。然而，传统粗放型的农业生产方式以及长期对农业资源的过度开发和利用使东北地区付出了惨痛的环境、资源代价，尤其是不合理的耕作方式等因素导致黑土地区土壤耕层变薄、有机质含量下降，土壤酸化、结构功能退化，出现了黑土“变薄、变瘦、变硬”的现象。这些问题严重阻碍了东北地区的农业可持续发展，使东北农业现代化建设陷入困境。“东三省处在实现农业现代化的前方方队里，必须大力发展现代化农业，遵循规律、科学发展。”对于东北地区如何加强黑土地保护、加快实现农业现代化，习近平始终念兹在兹。

2018 年 9 月，习近平来到黑龙江农垦建三江管理局考察调研。他强调：“农垦为保障国家粮食安全、支援国家建设、维护边疆稳定作出了重大贡献。要贯彻新发展理念，加快建设现代农业的大基地、大企业、大产业，深化农垦体制改革，全面增强农垦内生动力、发展活力、整体实力，更好发挥农垦在现代农业建设中的骨干作用。”

黑龙江北大荒农垦集团作为中华大粮仓、农业领域的国家队，是国家在关键时刻抓得住、用得着的重要力量，要以习近平的讲话为指导，牢记习近平“中国粮食，中国饭碗”的殷殷嘱托，坚持以“双控一服务”助力农业大基地建设、用“一体两翼”夯实农业大企业基础、建设“三库一中心”托起农业大产业，努力打造“现代农业领域的航母”。要继续在农垦体制机制深化改革上下功夫，落实好“两化一改革”，用改革这把“金钥匙”打开农垦涅槃重生的大门，让更具内生动力、发展活力和整体实力的农垦更好发挥中国现代农业的主力军作用。

习近平还指出，“要加快绿色农业发展，坚持用养结合、综合施策，确保黑土地不减少、不退化”“中国现代化离不开农业现代化，农业现代化关键在科技、在人才。要把发展农业科技放在更加突出的位置，大力推进农业机械化、智能化，给农业现代化插上科技的翅膀”。

黑土是一种极其珍贵的稀有资源，保护好东北黑土地，对东北的“压舱石”地位和国家的粮食安全是非常重要的。“农业生产不能竭泽而渔”，必须在绿色发展的要求下，将黑土地治理修复与保护的系统工程做好，坚持综合施策、久久为功，努力实现黑土地的可持续利用。农业发展的出路在于现代化，农业现代化建设关键靠农业科技的进步与农业科技人才的培养。农业现代化不能在新四化同步发展中拖后腿，必须加强农业科技在现代农业发展中的支撑作用，用科技的翅膀助力农业现代化发展，坚持走机械化、精准化、信息化和智能化的农业发展道路。

2020 年 7 月，习近平在吉林省梨树县考察时进一步强调，“农业现代化，关键是农业科技现代化。要加强农业与科技融合，加强农业科技创新，科研人员要把论文写在大地上，让农民用最好的技术种出最好的粮食。要认真总结和推广梨树模式，采取有效措施切实把黑土地这个‘耕地中的大熊猫’保护好、利用好，使之永远造福人民”。

实现农业现代化必须实现农业科技现代化，正是先进科学技术在农业领域的广泛应用使得农业现代化不断向前发展。要大力支持农业科技的自主创新，鼓励农业科研人员投身基层、扎根田间开展科技服务，与农户建立紧密联系，重视农业科技创新成果的转化，解决好农业技术转化应用的“最后一公里”问题。东北地区要因地制宜推广梨树模式，将农业科技与黑土地保护相结合，大力推行保护性耕作，“加快高标准农田建设”，以“藏粮于地、藏粮于技”战略打赢黑土地保卫战、提高粮食综合产能。

农业现代化同样需要生产经营模式的创新。习近平表示，“农民专业合作社是市场经济条件下发展适度规模经营、发展现代农业的有效组织形式”“要积极扶持家庭农场、农民合作社等新型农业经营主体，鼓励各地因地制宜探索不同的专业合作社模式”。构建新型农业经营主体、发展多种形式的适度规模经营既能帮民富民，又能增强农民科技文化素质和农业竞争力，东北地区要认真学习贯彻习近平的重要指示精神，积极完善现代农业的产业、生产和经营体系，使现代农业成为重要的产业支撑。

八、保障和改善民生以增进民生福祉

民为邦本，本固邦宁。人民，是振兴东北的出发点与落脚点，是习近平最深切的惦念。“增进民生福祉是发展的根本目的。必须……在幼有所育、学有所教、劳有所得、病有所医、老有所养、住有所居、弱有所扶上不断取得新进展。”习近平在十九大报告中明确提出了“坚持在发展中保障和改善民生”的工作要求。有了民生的托底，人民群众有了更多获得感、幸福感，才能为维护社会和谐稳定、实现东北全面振兴打下坚实基础。党的十九大以来，习近平聚焦东北民生领域短板多次发表重要讲话，围绕群众关切亮实招、出硬招，深刻体现了以人民为中心的发展理念。

2018 年 3 月，习近平参加十三届全国人大一次会议内蒙古代表团审议时强调，“全面建成小康社会，标志性的指标是农村贫困人口全部脱贫、贫困县全部摘帽”。脱贫攻坚是全面建成小康社会的底线任务，没有贫困地区的小康就没有全面建成小康社会。解决发展的不平衡不充分问题、实现全体人民共同富裕必须扎实推进脱贫攻坚、打赢精准脱贫攻坚战。

2018 年 9 月，习近平到抚顺考察时强调，“党中央投入大量资金解决棚户区和采煤沉陷区综合治理问题，很有必要，也很值得”。资源枯竭型城市“发展转型过程中，首先要把民生保障好，把困难群众的生活保障好，让老百姓的生活过得越来越好”。在深入推进东北振兴座谈会上，习近平进一步强调，“更加关注补齐民生领域短板，让人民群众共享东北振兴成果。要确保养老金按时足额发放，确保按时完成脱贫任务，完善社会救助体系，保障好城乡生活困难人员基本生活。要加大东北地区公共基础设施领域的投资力度，支持东北地区轨道交通、集中供热、网络宽带等城市基础设施建设”。

东北地区近年面临着资源型城市转型困难、社会保障压力增大、基本公共服务投入不足等关乎人民群众切身利益的民生问题，必须以习近平的重要讲话为指导，动员多方力量全力推进棚户区改造，尽快完成对采煤沉陷区的综合治理任务，重视资源枯竭型城市转型过程中的民生保障问题，加大对这类城市的资金、政策、人力等方面的扶持力度。为使东北振兴成果更好惠及东北人民，东北地区要增加公共服务的有效供给，加快推进基本公共服务均等化，健全多层次的社会保障体系，在养老、社会救助等方面满足人民的基本生活需求。要把公共基础设施建设作为重点任务，增加对公共基础设施领域的投资，大力推进集中供热等管网设施改造，加快轨道交通、网络宽带等城市基础设施建设，以便利人民生活、提高幸福指数。

“必须坚持人民至上、紧紧依靠人民、不断造福人民、牢牢植根人民。”2020 年 5 月，习近平参加十三届全国人大三次会议内蒙古代表团审议时强调，“要始终把人民安居乐业、安危冷暖放在心上，用心用情用力解决群众关心的就业、教育、社保、医疗、住房、养老、食品安全、社会治安等实际问题”。7 月，习近平在吉林考察时进一步强调，“千方百计稳定现有就业，积极增加新的就业，促进失业人员再就业”“深化教育改革，推动城乡义务教育一体化均衡发展”“完善重大疫情防控救治体制机制”，“完善社会治安防控体系，高度重视生产安全”。

乐民之乐者，民亦乐其乐；忧民之忧者，民亦忧其忧。东北各级党委、政府要深入贯彻习近平的重要指示，始终坚持以人民为中心的发展思想，尽心尽情尽力谋民生之利、解民生之忧。就业是最大的民生，必须将稳就业、保就业长期摆在突出位置，尤其是将高校毕业生、农民工、退役军人等重点群体的就业工作落实好。百年大计，教育为本，教育公平是实现社会公平的重要基础，要通过深化教育改革助推城乡义务教育一体化、均衡化发展，促进教育公平。基层治理水平很大程度上体现了一国治理体系和治理能力的现代化水平，要把基层社会治理这一根基打牢，抓紧构建并健全重大疫情防控救治体系与公共卫生体系，不断提高城乡社区等基层治理能力和防控能力。生命重于泰山，必须将人民的生命安全放在首位，加强社会治安防控体系建设，时刻坚守安全生产的红线与底线。

保障和改善民生没有完成时，只有进行时。东北地区要以持续提高人民的生活水平和质量为目标，把群众关心的实际问题“一件一件抓落实，一年接着一年干”，努力形成民生改善和经济发展的良性循环。

九、做好国内战略对接与对外开放

“十四五”规划和 2035 年远景目标建议指出“加快构建以国内大循环为主体、国内国际双循环相互促进的新发展格局”，这是以习近平同志为核心的党中央立足我国当前发展优势及约束、应对世界“百年未有之变局”作出的战略决策。在全球疫情形势严峻、“逆全球化”暗潮涌动、国际环境复杂动荡的背景下，东北地区加快实现经济一体化、主动做好国内重大战略对接、积极打造对外开放新前沿以融入国内国际“双循环”极具战略意义。党的十九大以来，习近平以统筹全局的格局与境界多次对推进东北地区协调发展、实现更高水平对外开放长远谋划、落子布局，为东北地区充分发挥区域优势、成为国家向北开放的重要窗口立柱架梁。

2018 年 8 月，习近平在推进“一带一路”建设工作 5 周年座谈会上强调，“各地区要加强共建‘一带一路’同京津冀协同发展、长江经济带发展、粤港澳大湾区建设等国家战略对接，促进西部地区、东北地区在更大范围、更高层次上开放”。2020 年 7 月，习近平在吉林考察时进一步强调，“要积极参与共建‘一带一路’，打造好我国向北开放的重要窗口和东北亚地区合作中心枢纽，推进与京津冀协同发展等重大区域发展战略对接合作”。

“坚持实施更大范围、更宽领域、更深层次对外开放”是十九届五中全会提出的明确要求，也是实现东北全面振兴的关键一招。开放作为推动经济持续快速发展的重要动力，要求东北地区充分借助其位于东北亚核心地带的优势，深度融入“一带一路”建设，积极对接沿线国家的需求，让装备制造业“走出去”，使东北地区真正成为面向东北亚开放的前沿和东北亚合作的中心枢纽。加强与京津冀协同发展、长江经济带发展、粤港澳大湾区建设等国家重大战略的对接合作是推进东北经济走向一体化、地区协调发展达到新高度的根本要求。东北地区要找准自身定位、制定科学规划、实现错位发展以服务国家重大战略，支持与京津冀地区在基础设施联通、科技研发、产业转移承接等重点领域的合作，加强同长江经济带和珠三角地区的经贸投资往来。东北地区只有将扩大开放和“一带一路”紧密结合、把振兴发展同国家战略密切联系，才能使新时代下的东北振兴迈出铿锵有力的前进步伐。

2018 年 9 月，习近平在沈阳座谈会上对深入推进东北振兴作出了“科学统筹精准施策，构建协调发展新格局”“深度融入共建‘一带一路’，建设开放合作高地”的要求。他强调，“要培育发展现代化都市圈，加强重点区域和重点领域合作，形成东北地区协同开放合力。要以东北地区与东部地区对口合作为依托，深入推进东北振兴与京津冀协同发展、长江经济带发展、粤港澳大湾区建设等国家重大战略的对接和交流合作，使南北互动起来”“要加快落实辽宁自由贸易试验区重点任务，完善重点边境口岸基础设施，发展优势产业群，实现多边合作、多方共赢”。

下好东北振兴这盘发展的大棋需要科学统筹精准施策、推动东北地区的协调协同发展。东北三省一区要通力合作，积极完善区域合作和协调发展机制，促进资源要素的跨区域自由流动。要大力培育发展东北现代化经济圈，加快都市圈、城市群建设以带动东北经济一体化，要强化城市群、经济带等重点区域之间的经济联系，加强四省区在农业、制造业、旅游等优势产业，在基础设施建设、科技成果转化等重点领域之间的合作，努力汇聚协同开放合力。

好风凭借力，扬帆正当时。东北地区要以同东部地区的对口合作为依托，落实好《东北地区与东部地区部分省市对口合作工作方案》，通过与北京市、天津市的对口合作推进与京津冀协同发展，与沪、苏、浙合作融入长江经济带发展，与广东省合作对接粤港澳大湾区建设。发挥好东北和东部的比较优势，使两大地区在交流合作中优势互补、互惠共赢，实现南北互动。

深度参与“一带一路”建设是新时代东北对外开放的重点内容，而自由贸易试验区是建设“一带一路”的重要抓手。东北地区要以建设辽宁自贸区、黑龙江自贸区为历史契机，继续完成自贸区的重点任务，要加强重点边境口岸的基础设施建设，完善多式联运国际流通体系，面向国际市场优化产业布局，打造优势产业集群，深化多双边合作，打造高质量开放合作高地，在开放合作中助力东北全面振兴。

参考文献

[1] 城市森林与湿地学科组、地理景观遥感学科组.《东北地区重要生态功能区生态变化评估》《东北地区重大生态工程生态成效评估》出版 [J]. 高科技与产业化，2021，27（2）：87.

[2] 和军. 东北经济的结构、体制关键障碍与突破路径 [J]. 当代经济研究，2019（8）：96 – 106.

[3] 和军. 加快营造良好营商环境 [N]. 人民日报，2015 – 03 – 05（7）.

[4] 李克强主持召开国务院振兴东北地区等老工业基地领导小组会议强调更大力度推进改革开放奋力实现东北全面振兴 [J]. 人民周刊，2019（11）：8.

[5] 人民网. 习近平：冰天雪地也是金山银山 [EB/OL].（2020 – 08 – 24）. http：//theory. people. com. cn/n1/2017/0608/c40531 – 29327519. html.

[6] 人民网. 习近平“藏粮于地、藏粮于技”传递啥新理念？[EB/OL].（2016 – 03 – 09）. http：//opinion. people. com. cn/n1/2016/0309/c1003 – 28184747. html.

[7] 人民网. 习近平：生态就是资源，生态就是生产力 [EB/OL].（2016 – 05 – 24）. http：//m. people. cn/n4/2016/0524/c203 – 6912380. html.

[8] 人民网. 习近平在参加内蒙古代表团审议时强调：扎实推动经济高质量发展扎实推进脱贫攻坚 [EB/OL].（2018 – 03 – 06）. http：//cpc. people. com. cn/n1/2018/0306/c64094 – 29849635. html.

energy, serious ecological environment damage, and many weak links in people's livelihood. General Secretary Xi Jinping has made a series of important expositions from creating a good business environment and legal environment to accelerating industrial transformation and upgrading, from strengthening ecological environment protection to unswervingly safeguarding and improving people's livelihood, which has strengthened the development confidence of Northeast people and increased the revitalization hope of Northeast China. This paper sorts out and summarizes the important contents of Xi Jinping's expositions on Northeast China's development since the 19th National Congress, and systematically interprets them, in order to deeply grasp the connotation of General Secretary Xi Jinping's important speech and better guide the economic and social development of Northeast China.

Keywords: Nineteenth National Congress Xi Jinping Northeast development important exposition

东北地区人口流动对经济发展的影响及应对策略[*]

乔　榛[**]

摘　要： 人口流动是当下中国经济社会发展中一个突出的现象，由此引起地区间人口的结构性调整影响到各地区经济发展。东北三省作为人口净流出地区，已经感到其带来的经济压力，因此，有效应对人口流动是东北三省面临的重要课题。为此，客观而科学地认识东北地区人口流动的历史和现状，准确分析和判断东北地区人口流动的去向及带来的影响，找出能够缓解人口净流出的对策，成为东北地区在新的人口流动形势下必须解决的问题。对待目前东北地区人口流动的现实，应该认识到其具有的规律性特征，由此出发科学地对待人口流动形势，关注现实，着眼未来，使应对人口流动策略达成人口与经济关系的长短期目标有效统一。

关键词： 东北地区　人口流动　东北振兴

第七次人口普查结果显示，我国人口变化呈现的主要特征是：总人口依然较多，但出现了负增长；人口老龄化程度较深，接近“深度老龄化阶段”；人口的地区结构不平衡进一步加剧。就人口的地区结构变化来看，东部地区人口占39.93%、上升2.15个百分点，中部地区占25.83%，下降0.79个百分点，西部地区占27.12%、上升0.22个百分点，东北地区占6.98%、下降1.2个百分点。人口地区结构呈现进一步向东部集中，而东北地区成为人口净流出最大的地区。这样的人口变化与地区经济发展联系起来，让人很自然地想到，人口流动是否是经济发展的一个重要因素。特别

* 基金项目：本文为黑龙江省社科基金项目：新冠肺炎疫情后我省“保就业”的思路与对策研究（20JYD219）的阶段性成果。

** 作者简介：乔榛（1964～），男，内蒙古乌兰察布市人，黑龙江大学经济与工商管理学院教授，博士生导师，主要从事社会主义经济理论、收入分配等研究。

是将东北地区人口最多的净流出与东北地区最大的经济下滑程度联系起来，更引起人们对这个问题的思考。那么，到底东北地区的人口流动对其经济发展有何影响？

一、东北地区人口流动的历史与现状

理解东北地区人口流动对经济发展的影响首先应该在一个历史的视域中加以考察。

（一）东北地区人口流动的历史

东北地区指黑龙江、吉林、辽宁三省以及内蒙古的东五盟的区域，也是我国东北部边疆地区。东北地区在历史上有着特殊的地位，11 世纪之后，这里不断地有少数民族崛起并建立政权，对关内的王朝形成强大压力。1644 年，随着清军入关，大批关外人口向关内流动，开启了东北地区人口大规模的流动潮。随着大量人口外流，再加上清王朝禁止关内人到关外开发，实行所谓的“封禁政策”，造成东北地区人口数量锐减和人口增长停滞。在一个农业经济时代，禁止对土地的开发，意味着经济发展的停滞，因此，可以说东北地区因此进入了一个经济发展的“冬眠期”。有资料显示，清康熙元年（1662 年）时，盛京一带依旧荒城废堡，“沃野千里，有土无人”①。

随着清王朝定都北京并逐步稳定了关内的社会秩序，整个中国进入了一个人口快速增长的阶段。人口数量从顺治年间的 7000 多万人增加到道光年间的近 4 亿人，一百年间人口增加了近 6 倍。这种人口爆炸式增长，其背后一定有着农业经济发展的支撑，但也因为农业经济的脆弱性而引起阶段性的“饥荒”问题。在农业社会，“饥荒”是引起社会危机的一大诱因，也是统治阶级最难应对的危机。清朝初期严格执行的“封禁政策”，不时地受到这种危机的冲击。乾隆八年（1743 年）和九年（1744 年）直、鲁、豫等省发生旱灾，饥民遍野。清朝统治者不得已对于意欲流入东北的饥民开始采取禁放结合的政策，即一方面继续坚持“封禁政策”；另一方面又采取“借地安民”的措施。嘉庆年间，一再采取“借地安民”的措施。嘉庆八年（1803 年），“嗣因垦地日广，聚族益繁，添设昌图厅通判”。嘉庆中期，“郭尔罗斯复有内地新来流民二千三百三十户，吉林厅有一千四五十九户，长春厅有六千九百五十三户，均经将军奏令入册安置”。② 之后，清朝统治者一直在“禁”和“放”之间摇摆，而第一次鸦片战争后的清朝国力衰退，社会秩序混乱，造成流民向东北地区流动的趋势越来越明显，而东北地区人口较少，开发不足，造成该地区空虚，使俄国人

---

① 东北三省中国经济史学会编．东北经济史论文集［M］．黑龙江：业经黑龙江省出版局，1984：49.
② 东北三省中国经济史学会编．东北经济史论文集［M］．黑龙江：业经黑龙江省出版局，1984：50.

乘虚而入，严重地威胁到国家的安全。在这样的形势下，清王朝统治者一方面出于无奈，另一方面也是出于需要，逐步解除了“封禁政策”所列的一些限制。咸丰十年（1860 年）出了一道准许一些内地佃民上吉林垦地谕令，从此移民东北有了一定的合法性。光绪即位后还成立了专门指导内地人垦荒的垦务局。

东北地区水绕山环、沃野千里，为农业发展提供了十分良好的条件，也成为早期吸引移民的有利条件。东北平原面积高于全国平原面积的比重，且属于优质的黑土地。东北黑土地是世界“四大黑土区”和“三大寒地黑土”之一。在东北寒冷的气候条件下，草甸、草原茂盛的植被剥落腐蚀，逐渐积累成一层厚厚的腐殖质，十分肥沃，非常有利于农作物种植。如此优越的自然条件，对于从事农业的人们来说，形成了一种巨大的吸引力。宣统二年（1910 年），清政府正式废除了“封禁政策”，第二年又制定了东三省移民实边章程，并相应地在招民垦荒的地区设置了一些新的府县，使移民进入了一个有序的状态，移民也有了大量增长。20 世纪 20 年代至 30 年代初，华北等地的政治经济状况不断恶化，越来越多的破产农民和灾民、难民不得不到东北逃荒、避难。据统计，1921 年关内向东北移民仅 20.9 万人，1926 年增加到 56.7 万人，1927 年又增加到 105 万人，到 1930 年的 10 年间累计超过 600 万的关内移民进入东北谋生；另据统计，1932 年到 1942 年，进入东北的移民也高达 504 万人[①]。

解放战争期间，东北地区是全国最早解放的地区之一，被誉为“共和国长子”，也是新中国重点开发的地区之一，包括一些重大工程建设、北大荒开发、大庆油田开发建设，等等。伴随这些重大工程建设和资源大规模开发，大量内地人口涌入东北地区，形成了又一次人口流动潮。早在 1948 年，也就是新中国成立之前，中国共产党就揭开了移民开发北大荒的序幕。在初步开发的基础上，从 1958 年起，北大荒进入了大规模开发时期，这一年的 8 月 29 日，中共中央作出了《关于动员青年前往边疆和少数民族地区参加社会主义建设的决定》，大批复原转业军人、农民、知识青年进入北大荒垦殖。1956 年王震将军率领的铁道兵七个师和 1958 年从各军种兵种专业的 10 万官兵进入北大荒；1959 年来自齐鲁大地的 6 万支边青年也来到北大荒；1966 年来自沈阳军区的万名复转官兵开赴北大荒；1968 年组建黑龙江生产建设兵团并接受了来自全国各地的 80 万城市知青，以及数以万计的科技人员、各地高等院校毕业生。仅开发北大荒就接受了内地超过 100 万的青年人进入这块土地，如果再考虑到第一个五年计划建设时期苏联援建的“156 项工程”，还有与此配套的众多项目，以及以大庆油田开发为代表的东北地区许多资源开发项目，这样的大开发吸引了大规模的人口从内地涌入东北，造成东北人口的快速增长。新中国成立之初，东北三省总人口为

---

① 张利民.“闯关东”移民潮简析［J］. 中国社会经济史研究，1998（2）.

3851.4 万人，1958 年增加到 5289.6 万人，1966 年又增加到 6737.9 万人，1978 年进一步增加到 8672.9 万人。从新中国成立到改革开放的 30 年间，东北三省总人口增加了 1.25 倍[①]。这样人口快速增长有生育率提高的因素，也与大量关内人口向东北地区流动的因素有关。

改革开放后，东北地区人口还呈惯性增长的态势，最高峰的人口规模超过 1.1 亿人。不过，这个时期人口增长的移民因素大大地下降了，进入 21 世纪后，第六次人口普查（2011）数据显示，东北地区人口减少 180 万。最新的第七次人口普查显示，东北地区人口进一步下降，10 年减少人口 1100 万，人口总数跌回到 1 亿以内[②]，进一步扩大了人口外流的态势，成为东北地区人口流动史上的新趋势，即从长期的人口净流入变成人口净流出。

（二）东北地区人口流动的现状

东北地区人口流动的现状是人口流动历史的一种积累。除了在历史趋势下看到的东北地区人口减少的趋势外，现实中人口流动的丰富性，需要从一些更加具体的角度去看待其现状。

东北地区人口流动不仅表现为向其他地区的流动，还应包括地区内部的流动。在历史的视野下主要关注与其他地区之间的流动，而从现实的角度看需要多角度看东北地区的人口流动，这样才能更清楚地看清人口流动对地区经济社会发展的影响。

东北地区目前的人口流动，对外表现为人口净流出，而且流出的规模比较大；对内表现为人口进一步向城市集中，其城市化的发展也比较快。造成这种状况的原因比较复杂，因而是理解东北地区人口流动现实的必要前提。从外流的人口看，不仅外流的规模在扩大，而且外流的地区也比较集中，有 18% 的外流人口到了北京；有 13% 的外流人口进入山东；有 8% 的外流人口进入天津；有 7% 的外流人口到了河北。从地区内部的人口流动看，其规模占人口流动的 25%。如此的人口流动格局呈现出来的主要特征是：（1）人口外流的规模大，且比较集中，流动的范围主要集中北方较为发达的地区；（2）人口内部流动的集中趋势更加明显，除少数大城市外，其他地区都处于人口负增长态势。在东北三省中，第七次人口普查与第六次人口普查结果比较，仅有沈阳、大连、长春的人口实现了正增长，其他所有地区都出现人口负增长，而且负增长的比率比较大。辽宁省人口负增长最大的两个市是本溪和抚顺，

---

① 根据《新中国五十五年统计资料汇编》整理所得，中国统计出版社 2005 年版。

② 根据第六次、第七次人口普查数据所得。

分别是 -22.43% 和 -19%；吉林省人口负增长最大的两个市是四平和通化，分别是 -46.41% 和 -43.97%；黑龙江省人口负增长最大的是大兴安岭地区和绥化市，分别是 -35.24% 和 -30.65%，省会城市哈尔滨市也出现了人口负增长，为 -5.89%。[①]

造成东北地区人口流动的这一趋势和格局，主要有如下几方面的原因：(1) 经济方面的原因。经济原因是人口流动的基础性原因，现代社会的绝大部分人口流动都是为了获得更多的收入和更好的生活条件，因此，绝大多数的人口流动都是经济落后地区的人口向经济发达地区流动。改革开放之前，东北地区经济一直处于开发阶段和相对发达的水平，因此，其他地区人口向东北地区流动成为一种趋势。改革开放之后，东北地区的经济尽管也在快速发展，但相对于东南沿海等发达地区其发展程度相对落后，并逐步形成了经济发展和收入水平的落差，因此成为人口流动最大的诱因。(2) 地理和气候方面的原因。地理和气候方面的原因是人口流动的外在原因。东北地区地处边疆，自然资源十分丰富，但气候寒冷，距离全国的政治、经济中心比较远。在农业社会，这样的条件虽然对人口流动有有利和不利两方面影响，但总体上对人口流动更有吸引力。在现代社会，这样的自然条件则逐步成为对人口流动不利的因素。自然资源的优势不再是经济发展主要因素，而人们对生活质量提升的要求表现出对气候和地理位置的要求，因此，东北地区的气候和地理条件成为引起人口外流的一个影响因素。(3) 社会环境方面的原因。社会环境方面的原因主要是由人们的发展需求引起的。人口的地区流动实际上是一种人力资源的重新配置。人们获得发展机会便是这种人力资源配置的一种动力。东北地区在人口净流入时期有着比较多的发展机会，无论是从个人发展需要的角度，还是从国家发展需求的角度，东北地区在那样一个时期因为可以提供更多更好的发展机会而能够满足人们的发展需求。然而，发展到今天，东北地区经济发展相对滞后的状况，发展空间难以扩大以及越来越凸显的人情关系，使得年轻人的竞争力在许多情况下无法体现，感到发展空间受限，从而产生了外流的想法和行动。

二、东北地区人口流动对经济发展的影响

人口是经济活动最重要的因素。马克思曾就此指出：“劳动首先是人和自然之间的过程，是人以自身的活动来引起、调整和控制人和自然之间的物质变换的过程。”[②]这意味着人在社会最基本的经济活动中处于主动地位、发挥主导作用。任何一个社会

① 根据第七次人口普查数据整理所得。

② 马克思．资本论（第1卷）[M]．北京：人民出版社，1975：200-202.

其经济发展的首要条件都是人，或人口的数量，或人口的质量。农业社会的发达程度通常取决于人口的规模，因此出现古代的主要帝国都具有人口的优势。工业社会对人的要求有所改变，虽然人口数量依然是工业生产的基本要素，但对人口质量提出越来越高的要求。现代社会一方面延续工业社会对人口的要求，但也凸显出人口规模在保证经济循环的需求方面的条件具有越来越重要的作用。人口在经济发展所发挥的作用，使得任何一个国家或地区在寻求自身发展时都会关注到人口变化和流动问题。

（一）东北地区人口外部流动对经济的影响

从前面的分析可知，东北地区人口外部流动的趋势呈现出从净流入到净流出的转变，与这一趋势相对应的是东北地区经济发展的不同表现。作为一个事实，东北地区处于人口净流入时期经济处于发展且领先全国的水平，相反地，处于人口净流出阶段经济增长呈现停滞且经济地位不断下降。

随着清朝政府逐步放开“封禁政策”，人口不断向东北地区流动。人口的集中和优越的自然条件结合，形成了东北地区进入大开发时期，经济因此得到快速发展。在新中国成立之前，东北地区的经济发展水平不仅在中国，在整个东亚地区都处于比较高的水平。1907 年，东北地区的铁路运行里程就达到 1245. 7 公里，到 1945 年，东北地区运营的铁路里程又达到 11479. 1 公里。重工业发展到一个较高水平，以生铁、钢材、水泥为例，1943 年，东北地区的产量占到全国的 87. 7%、93%、66%。1937 年建设、1943 年开始发电的丰满水电站，是当时全国最大水电站，也是当时亚洲最大的水电站。[①] 东北地区工业和经济发展原因是多方位的，同期大量人口涌入东北，因此，人口的集中为东北地区工业和经济提供了必要条件。这样的工业基础使东北地区成为“共和国的长子”，也使得东北地区在新中国成立后进入了快速工业化和经济增长阶段。

第一个五年计划时期，我国确立了“一化三改”的过渡时期总路线，而“一化”便是工业化。我国这个时期的工业化围绕苏联援建的“156 工程”展开，其中，东北地区占其中 56 项。围绕苏联援建的 56 项工程又配套建设了大批工矿项目，逐步构建东北地区更加完整的工业体系。在推动这些项目建设过程中，大批劳动力和技术人员流入东北地区，为东北地区的工业化建设提供了人力资源的保障。

开发北大荒是新中国农业发展史上的重要篇章。东北地区有广阔而肥沃的土地资源。新中国成立不久就不断有军人、内地青年涌入北大荒开荒种地，最终有 100 多万各种劳动力开垦建设北大荒，把“北大荒”开发成“北大仓”，为中国粮食和中国饭

---

① 孔经纬. 清代民国伪满时期东北社会经济的演变 [J]. 史学集刊，1982 (4).

碗作出巨大贡献。20 世纪 50 年代末开发和建设大庆油田，也是在全国各地石油工人的支持下取得成功的。

总之，东北地区在新中国成立后的开发并取得巨大经济成就，首先与大量人口流入东北地区有关。正是有丰富的人力资本的支持，东北地区才取得了一系列重要的经济成就。在体现人口流入对东北地区经济发展影响方面，这个时期主要从要素供给的角度支持了东北地区的经济发展。

随着东北地区大规模开发项目的减少，人口流动也趋于稳定，从外部流入东北地区的人口也比较稳定。这个时期，东北经济发展趋于稳定，但依然保持了全国经济发展格局的领先地位。当然，认识人口流入对东北地区经济发展的影响，其出发点是两个事实，一个是大量人口涌入东北地区，另一个是东北地区经济实现了快速发展。这两个方面之间一定存在着相互影响的机制，但人口的大量涌入而形成的充足劳动力供给无疑是东北地区经济发展的必要条件，并发挥着非常积极的作用。

改革开放后，东北地区和关内地区特别是东南沿海地区进入不同的经济发展轨道。市场化改革的进程在东北地区相对缓慢，表现出来的经济活力有所不同。一个相对固化的经济和一个比较开放的经济，对劳动力形成不同的需求，而劳动力的不同流动取向又进一步影响了不同地区的经济发展。改革开放后，东南沿海地区率先开放、加快改革，首先形成了对劳动力要素的大量需求，引起了全国劳动力新的转移潮。大量劳动力自中西部和东北地区向东南沿海地区转移集中，随之，中国经济较为发达的地区转换了新的变化趋势，一方面东南沿海地区高速增长，另一方面中西部地区和东北地区发展相对滞后。就东北地区来说，虽然改革开放后也取得经济快速发展成就，但其相对地位发生了变化。在这种变化中可以看到，东北地区的人口流动发生转向，开始出现东北地区人口向关内净流出的情况。当然，改革开放最初的一段时间，这种净流出的数量比较小，并未对东北地区经济发展产生太大的影响，因而形成了一种人口流动和经济发展关系的稳定期，即人口流动并未成为东北地区经济发展一个重要因素。

改革开放后人口流动对经济发展的影响呈现的一个趋势是，首先是以农民工为代表的体力劳动者的流动。这是因为农村经济体制改革释放出大量劳动力需要外出打工，因此出现了农民工进城和到东南沿海的先行改革地区跨省打工现象。这个时期东北地区的劳动力流动以农民工进城为主，较少到东南沿海打工的比较少。其次是以人才流动为主的脑力劳动者的流动。这是因为随着改革开放的不断深入和经济发展、产业升级，对劳动力的需求更主要地倾向于对人才的需要，因此，先行发展起来的地区开始产业升级，需要大量人才，实施所谓的“引智工程”。这个时期东北地区出现了人才外流的现象，因为东北地区在计划经济体制时期积累大量的人才，同时建立了较为完备、层次较高的人才培养体系，因此成为人才外流的一个输出地。这一流动在一定程度上影响了东北地区经济转型升级，因此成为东北地区和东南沿海地区拉开差距的一个时期。地区整合最终是建立在人口重新配置的基础上，目前我国进入了一个地区整合的新阶段，自然会出现人口的大规模流动和重新配置。目前呈现出来的人口全面流动，不仅有人口的流动和集中，而且有人才的流动和集中。对此，我们应该认识到其中包含的必然性，也应该认识到这个过程一定会给一些地区的经济发展带来负面影响。东北地区的特殊性造成了它在这个阶段成为人口净流出最大的地区，因此带来对地区经济发展的负面影响。2014 年之后，东北地区的经济增长持续在全国垫底，一方面是地区经济整合的一种表现，另一方面也是东北地区人口包括人才净流出的一种反映。东北地区人口净流出问题在目前的形势下表现出对经济的全面影响。首先是人才净流出对东北地区实现经济升级转型和高质量发展带来负面影响；其次是人口净流出对东北地区消费需求带来负面影响；最后人才和人口净流出还带动资金的净流出，因而也给经济带来负面影响。对于东北地区来说，必须充分认识人口流动对地区经济的影响，在深刻研究这种人口流动规律的基础上，找出一些切实可行的对策来适应和减少这种人口流动带给东北地区经济发展的影响。

（二）东北地区人口内部流动对经济的影响

在人们更多关注东北地区人口外流现象的同时，还应该关注东北地区内部的人口流动。对东北地区人口内部流动的关注，更多地应该关注其引起的人口重新配置对地区经济的影响。

东北地区内部的人口流动主要表现在城乡间和大小城市间的人口流动，而且在东北地区内部各省之间的人口流动比较少，多是省内的城乡间和大小城市间的人口流动。这种人口流动对地区经济会有怎样的影响？

人口的城乡流动是伴随城市化而自然发生的一种现象。既然人口的城乡流动是城市化的一种形式，而城市化推动经济发展自然也包含了这种人口流动的作用。因此，人口的城乡流动或农村人口向城市转移对经济发展有着积极的意义，这不仅是一个理论上的共识，也是实践所表现出来的共象。东北地区人口城乡流动对经济发展影响有其特殊性。

在计划经济体制时期，人口的城乡流动受到限制，在一些时期表现出来的人口城乡流动都是由国家计划产生的。这种人口城乡流动对经济发展的影响也具有计划经济的色彩。改革开放后，人口的城乡流动成为人口流动的主要形式，东北地区尽管也形成了人口城乡流动的趋势，但是，由于东北地区改革的相对滞后性，特别是国有经济比重大、民营经济发展相对滞后，一定程度地影响到了人口的城乡流动，反过来，也限制了东北地区民营经济的快速发展。东北地区在计划经济体制时期形成的国有经济比重大的特点，使其城市化也走在全国的前面。在改革开放后，在城市化进程中，东北地区反而慢了下来，没有像东南沿海地区那样，形成城市化与民营经济互动发展的趋势，这也是东北地区在改革开放后发展相对变慢的一个原因。

不过，目前出现的另外一种人口流动趋势，对于东北地区来说具有特殊的意义。这种人口流动表现为人口向地区中心集中的趋势。第七次人口普查结果显示，东北地区所有地级以上城市，只有三个城市（沈阳、大连、长春）是人口净流入的城市，其他城市都是人口净流出的城市，个别城市在10年间有接近一半的人口外流。这种趋势表明，未来人口会进一步向大城市集中，不仅在全国的范围内是如此，在一个地区也是如此。这种人口向中心城市集中，将推动地区经济向都市经济圈的格局演进。东北地区内部人口流动中也出现的这一趋势，将推动未来东北地区经济的集中化发展。

三、东北地区应对人口净流出的策略

近20年，东北地区人口出现了净流出的趋势。第六次人口普查结果显示，东北地区在10年间人口净流出180万人。第七次人口普查结果进一步显示，东北地区在最近的10年里又减少人口1100万人。这表明，东北地区人口净流出趋势越来越明显，人口净流出的规模越来越大。在这样的趋势下，许多人对东北地区的人口流动感到担忧。从目前的情况看，人口净流出对东北地区经济发展的短期效应是负面的，需要认真对待，有效施策。从更长远的角度看，人口净流出并不完全是负面的，这种人口重新配置在给经济带来负面影响的同时，也会带来一些正面的影响。因此，应对人口净流出问题，需要把长短期的不同影响结合起来考虑，以此为基础探索应对策略。

首先，要科学认识东北地区人口净流出现象，形成一种契合人口发展规律的共识。人口流动是人类社会发展历程中非常普遍的现象。在人类社会的演进中，人口流动是这一演进过程的主旋律，因此，对于人口流动必须有一个正确的认识。如果人口流动最终实现了人力资源的合理配置，推动了整个社会经济发展，那么任何地区，不论是人口流出地区，还是人口流入地区，都会不同程度地受益。可能的问题是，在人口流动发生的当下，人口流出地区和人口流入地区会在经济发展方面有不同的表现。因此，作为人口净流出的东北地区，对待其人口净流出的形势，必须在认识人口流动规律的基础上客观地看待人口净流出这一现象。既然这种人口流动趋势反映了人口流动的规律，那么要完全扭转这种趋势就会付出巨大成本，这种成本是其无法承受的。当然，也不能放任这种人口流动趋势自由发展，因为形成人口流动的趋势后会产生自由强化效应，人们并不是必须流动而流动，而是为了流动而流动，对此，需要采取措施加以改变。对于东北地区来说，应对目前的人口流动趋势，把握好“度”十分关键。

其次，必须对人口流动状况细致地分析，准确把握流动人口的结构和流动的去向。这是选择应对人口净流出策略的必要前提。目前，人们对东北地区人口净流出多是一种感性认识，多从身边的人口流出情况，或听别人议论形成的某种认识，特别是议论过多又会强化这种认识。因此，必须准确了解人口净流出的动态和方向，知晓其原因，才能对症下药地找到应对策略。就此，要利用大数据技术，以省为单位全面收集人口流动的信息，并建立数据库，动态地分析人口流动的数量变化、结构演变、取向调整。同时，还要建立人口流出后本地人口变化情况，分析人口流出后对本地产生怎样的影响。

再次，要在留住人口和留住人才方面探索有效路径，重点探索以产业留人的策略。人口在一个地方生活，首先考虑的是需要有一份工作，最好是适合自己的工作；进一步考虑的是收入，可以较好满足自己及家庭生活需要的收入；最终要看能否有一个适宜的生活环境。因此，要把人口留住，关键是把劳动力和人才留住，重点是为他们提供更好、更适合的工作岗位。而形成这样的工作岗位，一定要从构建本地区优势产业出发。只有本地区的优势产业发展起来，才能形成工作岗位和劳动力就业的良性循环，最终才能在稳定工作岗位的基础上把劳动力留住，把人口留住。东北三省有许多优势，如资源、生态等自然优势、重化工业等传统产业优势、教育资源等人文优势，这些优势都有开发和发展的潜力，应该将这些优势与新一轮科技和产业革命发展方向相联系，使优势资源开发与新产业、新业态、新商业模式相契合，在新产业体系、新经济体系中东北地区要占有一席之地，而建立在这一基础上的就业和人口配置，才是未来东北地区重建人口格局所努力的方向。

最后，要探索各种有效的政策对策缓解人口净流出带来的短期压力，为形成新的人口格局赢得时间。目前我国的人口流动是在新的经济转型和调整背景下产生的人口重新配置过程，因此出现的人口流动趋势显示的是一种必然性，需要科学对待。人口流动最终一定会达到一个新的平衡，在此之前，不同地区对人口流动感到的压力是不同的，压力比较大的自然是人口流出比较多的地区。东北地区属于人口净流出地区，目前感到的人口净流出压力比较大。在这种情况下，要采取更多的缓解性对策，包括人才政策、生育政策、户籍制度等方面都需要积极探索，找到更加有效的政策和进行更加深入的改革，尽快扭转人口净流出不断扩大的趋势。其中，最为关键的是人才政策，因为人才流动显示的舆论效应更大，也最受人们关注。目前，东北三省都有自己的人才政策，且努力改善环境留住人才，但人才流出的问题仍很严重。在探索留住人才的政策中，不仅仅在提高待遇上做文章，而且还需要在创造良好的生活环境上做文章，使更多人才在培养子女、发展自己上有更好的条件和更多的机会。目前的这种人才和人口大规模流动最终一定会达到一个平衡阶段，在这个过程中，采取更多具有人性化的政策，使人才流动有更大的社会成本，从而达到缓解人才过多流出的趋势。

总之，东北地区在应对人口净流出问题时，需要精细分析，客观对待，精准施策，找准产业发展方向，形成产业发展和劳动就业良性互动格局，最终构造人口与经济相互促进的新结构。

参考文献

[1] 东北三省中国经济史学会编．东北经济史论文集［M］．黑龙江省：业经黑龙江省出版局，1984：49.

[2] 东北三省中国经济史学会编．东北经济史论文集［M］．黑龙江省：业经黑龙江省出版局，1984：50.

[3] 孔经纬．清代民国伪满时期东北社会经济的演变［J］．史学集刊，1982（4）.

[4] 马克思．资本论（第1卷）［M］．北京：人民出版社，1975：200－202.

[5] 张利民．“闯关东”移民潮简析［J］．中国社会经济史研究，1998（2）.

The Influence of Population Flow in Northeast China on Economic Development and Countermeasures

Qiao Zhen

Abstract: Population mobility is a prominent phenomenon in China's current economic and social development, which has caused the structural adjustment of the population between regions to affect the economic development of various regions. The three northeastern provinces, as areas of net population outflow, have already felt the economic pressure brought about by them. Therefore, effective response to population flow is an important issue facing the three northeastern provinces. To this end, we should objectively and scientifically understand the history and current situation of population mobility in Northeast China, accurately analyze and judge the destination and impact of population mobility in Northeast China, and find out countermeasures that can alleviate the net population outflow. It has become a problem that must be solved in the Northeast region under the new population flow situation. To deal with the current reality of population mobility in the Northeast, we should recognize its regular characteristics, and proceed from this to treat the population mobility situation scientifically, pay attention to reality, and focus on the future, so that the strategy of coping with population mobility can achieve the long-term and short-term goals of population and economic relations.

Keywords: Northeast area　Population flow　Northeast Revitalization

振兴东北政策的产业结构升级效应研究*

——以辽宁省为例

王　青　刘思良**

摘　要：2003 年实施振兴东北政策以来，辽宁省以推进产业结构调整、建立现代化的优势产业体系为重点来谋划振兴。本文采用合成控制法，从产业结构合理化、产业结构高级化两个维度，评估振兴东北政策对辽宁省产业结构的优化升级作用，分析振兴东北政策对改善辽宁省产业结构所面临的工业产能过剩、第三产业发展迟缓、区位优势丧失等问题的作用，有助于帮助国家更加合理地制定区域政策。结果表明：振兴东北政策整体上对辽宁省的产业结构优化升级效应显著，但从长期看，辽宁省的产业结构仍有失衡现象。因此，应以系统性思维，分类指导辽宁省的产业结构发展，对标国家的振兴东北战略部署，实现辽宁老工业基地的全方位振兴。

关键词：产业结构转型升级　辽宁老工业基地　振兴东北

一、引　言

党的十九大报告中明确指出“现阶段，我国经济已由高速增长逐步转向高质量发展”。推进经济高质量发展，是建立在现代化产业结构体系基础上的，因此推进产业结构转型升级已成为目前我国经济高质量发展的一项重要任务。产业结构转型升级的实践载体是省份，市场经济体制下，优胜劣汰的竞争机制要求不具备竞争力的企业或产业退出历史舞台，而新的企业和产业在市场经济下形成自身优势，以此来带动产业结构转型升级。不同的地区其产业结构状况有所不同，在推进经济高质量发展的背

---

* 基金项目：辽宁省教育厅基础研究项目：中国城市群经济发展质量测度研究（LJC201919）、辽宁省统计局课题：供给侧结构性改革下辽宁经济增长新动能研究。

** 作者简介：王青（1964～），女，辽宁沈阳人，教授，博士，博士生导师，研究方向：现代统计与宏观计量分析；刘思良（1997～），男，广西玉林人，硕士研究生，研究方向：宏观计量分析。

景下，不同的地区均提出多元化发展，开发经济增长新动能，促进产业结构升级。但是，全国各省份具有不同的体制性问题和结构性矛盾，同时极具有地区异质性，那么各省份之间产业结构的变动调整难易程度也有所差异。由国家提出的政策落实到具体的省份，其政策目的之一是改善欠发达地区或者经济增速下滑地区的发展状况，以此来衡量政策的有效性。

改革开放以来，辽宁省老工业基地面临产业结构转型升级困难的问题，且经济衰退的根源由来已久。自20世纪90年代开始，辽宁省面临着资源枯竭、不能充分适应由计划经济转向市场经济的经济体制改革、产业结构固化等诸多问题。辽宁省作为老工业基地之一，其经济的衰退与经济管理体制主导下的产业结构之间有着十分密切的关系。2003年，中共中央、国务院发布的《关于实施东北地区等老工业基地振兴战略的若干意见》（以下简称《意见》）指出，振兴东北战略实施后东北地区经济发展稳中向好，黑、吉、辽各省的年均经济增速分别为11.7%、13.8%和12.8%（褚敏，2018），但自2014年以来，辽宁省经济增速下滑严重，经济增速显著落后于其他地区的同期水平，随着我国经济发展进入“三期叠加”的新常态阶段，整体增速从高速转向中高速，全国各省份均面临着经济发展转型的压力，而辽宁省的经济结构和产业结构转型形势尤为严峻。辽宁省经济增速逐步放缓，甚至于2016年经济出现负增长，“东北经济衰退现象”也引起了各界的广泛关注。中共中央下发的《关于全面振兴东北地区等老工业基地的若干意见》中指出，“我国经济发展进入新常态，东北地区经济下行压力增大，部分行业和企业生产经营困难，体制机制的深层次问题进一步显现，经济增长新动力不足和旧动力减弱的结构性矛盾突出”。因此，在当前的背景下，辽宁省要实现经济的高速增长，一个重要前提是要先理清经济发展缓慢的深层内涵，分析出制约辽宁省经济增速的内在原因，为经济进一步提速补齐短板，并为其缩小与我国其他区域之间差距提供相应的数据支撑和决策依据（董香书，2017）。

辽宁省老工业基地的产业转型升级的困境以及“东北经济衰退现象”产生的深层次原因，一般研究认为是由于历史原因造成的体制性问题和结构性矛盾。在重工业优先发展战略下，辽宁省形成了重化工业和资源性产业为主的产业结构，而且由于产业结构转型升级缓慢，产业结构固化、低级化的模式没有得到针对性的指导和根本性的调整。因此，加快经济发展需要产业结构升级、调整产业体系、发展经济增长的新着力点，这是辽宁省实现高质量发展的关键途径。

二、文献综述

2003年由中共中央及国务院提出的“振兴东北”战略是出于解决当时东北地区

经济增长缓慢，企业经营困难的问题所提出的经济扶持政策。“东北振兴”战略提出后，许多学者对其政策效应进行了预测和分析。辽宁省老工业基地的结构性矛盾阻碍了辽宁省的经济发展，辽宁省产业结构面临着巨大问题，既不能全面转变重化工业的主体地位，同时又要求加快重化工业的转型升级（李向平，2019），“东北振兴”的提出对于东北地区而言偏重于项目投资，分类指导意识不足，无法针对东北地区现状提出根本性解决方针（王洛林、魏后凯，2006）。苏联工业模式的借鉴使得东北地区管理体制僵硬、缺乏活力，资源严重向国有企业倾斜（谢伟，2019）。劳动力结构与产业结构的匹配程度低下，人才流失严重，缺少高层次人才。政府首要问题是应提高与产业结构转型升级相配套的人力资本，促进产业结构合理化（赵新宇，2018）。从产业结构看来，东北资源型城市的产业结构高度的提升相对滞后，且其产业结构转型升级建立在产业结构高度发展不充分的基础上，进一步加剧了转型的困难程度（石琳，2019）。结构性问题主要表现在：产业结构单一化现象严重、政策方式固化、产业垄断固化（和军，2019）。

前期的文献研究有助于理解“振兴东北”的政策意义和内涵，但由于这些研究大多是定性分析，缺乏对“振兴东北”政策相关效应的定量分析。也有部分文章关注于东北地区的产业结构转型情况，如：资源枯竭型城市试点转型有助于产业结构调整（孙祥栋，2020）；东北地区的经济增长主要是受到总量效应的推动，并未产生产业结构升级所带来的“结构红利”（周宜昕，2019）；产业结构惯性引发的逆工业化特征（卢英敏，2019）；东北产业结构存在的问题是为了完成短期的经济提速增长，盲目地把资源全部配置在重工业上（胡琦，2005），但往往这些文章关注的着眼点在于东北振兴的整体效应，或是倾向于将某个城市作为试验对象。未能很好地结合辽宁省特殊的历史背景，“振兴东北”战略对辽宁省产业结构升级的效应及作用机制的研究还有较大空间。

本文主要创新点在于：第一，本文使用实施振兴东北政策10余年的产业结构省级面板数据，运用合成控制法对“振兴东北”战略促进辽宁省的产业结构转型升级效果进行实证分析，避免了传统政策评估中双重差分法在控制组选取上的主观随意性。第二，本文从产业结构合理化、产业结构高级化两个维度，结合实证结果分析“振兴东北”战略对辽宁省产业结构优化升级的影响，从而认识到目前辽宁省产业结构所面临的客观问题，对新一轮振兴东北政策形成产业结构分类指导思想具有重要意义。

三、研究方法

科学评价“振兴东北”政策对产业结构升级的影响，关键是找到一种合适的政策效果评价方法。目前国内外文献评价政策效果，通常采用双重差分法（difference-in-difference method，DID）。但是，这一方法要求实验组和控制组在干预之前是可比的，可由于地区异质性的原因，这一要求难以得到满足，用这一方法所得出的政策效果评价容易出现偏误。为了弥补 DID 方法的缺陷，阿巴迪（2003，2010，2015）设计出一种新的识别政策效应的方法——合成控制法（synthetic control methods，SCM）。这个政策评估方法，是通过对所有控制组的加权平均构造出一个实验组的“反事实”控制组，当事件发生后，对比实验组和控制组之间的差异，以此来评估政策效应的影响作用。本文将 2003 年实施“振兴东北”政策的辽宁省作为实验组，把全国其余 28 个省份（既除开同样实施振兴东北政策的吉林、黑龙江两个省份外的其余各省份）作为控制组。通过全国其余 28 个省份的数据模拟合成出一个并未实施“振兴东北”政策的虚拟辽宁省。该合成的辽宁省要求同真实的辽宁省在政策实施前期，具有共同发展趋势，同时要求用于预测发展趋势的解释变量特征尽可能一致，真实辽宁省与通过合成控制法合成出的辽宁省，两者在政策实施之后的差异即是“振兴东北”政策的政策效应。

具体而言，在考察某项政策实施的地区效应时，使用合成控制法的第一步是要确定研究对象，一般为实验组和其他未实施政策的区域，假设包括实验组在内的一共 $N+1$ 个省份，其中 N 个省份没有受到政策干预。令 Y_{1it} 表示个体 i 在 t 期实施政策后的结果，Y_{0it} 表示个体 i 在 t 期未实施政策所得到的结果，从而得到个体发展趋势差异为 $\gamma_{it}=Y_{1it}-Y_{0it}$，$D_{it}$ 表示个体 i 在 t 期的实施状态，受到政策干预则取值为 1，否则取值为 0，则个体 i 在 t 期的观测值为：

$$Y_{it}=D_{it}Y_{1it}+(1-D_{it})Y_{0it}=Y_{0it}+\gamma_{it}D_{it} \tag{1}$$

根据“振兴东北”政策实施特征，设辽宁省（$i=1$）在（$t=1\leqslant T_0\leqslant T$）时被确定为“振兴东北”政策实施对象，而全国其余省份在所有时期均未实施“振兴东北”政策，即：

$$D_{it}=\begin{cases}1 & i=1,\ t\geqslant T_0\\ 0 & \text{otherwise}\end{cases} \tag{2}$$

实验组受到政策干预后的政策结果 Y_{1it} 是可观测的，但是无法观测到其未受到政策干预的潜在发展结果 Y_{0it}。所以政策效果评估的关键在于如何估计在 $t>T_0$ 期的反事实结果 Y_{0it}。因此，假设 Y_{0it} 运用下列模型进行表示：

$$Y_{0it}=\delta_t+\theta_tX_i+\phi_tu_t+\varepsilon_{it};\ i=1,\ \cdots,\ N+1;\ t=1,\ \cdots,\ T \tag{3}$$

其中 δ_t 是无法观测的公共因子，对全国各省份均具有相同的作用，X_i 是 K 维不受政策所干扰的可观测协变量列向量，包含了可表示省份特征的外生变量，并且也包括了政策实施以前 Y 的水平趋势。θ_t 是 K 维未知系数行向量系数，ϕ_t 是 H 维随时间变化无法观测的行向量系数，u_t 是 H 维无法观测的地区固定效应列向量，ε_{it}是无法观测的误差项。

为了估计 Y_{0it}，可通过对控制组省份加权近似的模拟实验组省份的特征。确定 $w_j \geqslant 0$，$j = 2, \cdots, N+1$，且 $w_2 + \cdots + w_{N+1} = 1$；$\mathbf{w} = (w_2, \cdots, w_{N+1})$ 为选择的 N 维权重列向量，不同的权重向量代表着不同的合成控制，权重 **w** 的合成控制模型为：

$$\sum_{j=2}^{N+1} \mathbf{w}_j \mathbf{Y}_{jt} = \delta_t + \theta_t \sum_{j=2}^{N+1} \mathbf{w}_j X_j + \phi_t \sum_{j=2}^{N+1} \mathbf{w}_j u_j + \sum_{j=2}^{N+1} \mathbf{w}_j \varepsilon_{jt} \tag{4}$$

假设权重向量 $\mathbf{w}^* = (w_2^*, \cdots w_{N+1}^*)$，使得：

$$\sum_{j=2}^{N+1} w_j^* Y_{j1} = Y_{1t}, \cdots, \sum_{j=2}^{N+1} \mathbf{w}_j^* \mathbf{Y}_{jT_0} = Y_{1T_0};$$

$$\sum_{j=2}^{N+1} \mathbf{w}_j^* X_j = X_1 \tag{5}$$

如果政策实施之前的样本时间足够长，那么反事实的实验组同最优全权重组合下所合成的结果差异趋近于0，因此实验组省份的反事实结果 Y_{0it}可用合成控制法来估计：

$$\hat{\mathbf{Y}}_{0it} = \sum_{j=2}^{N+1} \mathbf{w}_j^* \mathbf{Y}_{jt} \tag{6}$$

所以实验组省份的政策效果为：

$$\gamma_{1t} = Y_{1t} - \sum_{j=2}^{N+1} \mathbf{w}_j^* \mathbf{Y}_{jt},\ t = T_0 + 1, \cdots, T \tag{7}$$

令 X_1 为实验组省份受到政策干涉前的 M 维特征列向量，X_0 为包含了实验组省份在政策实施前同样特征变量的（$M \times N$）矩阵。合成权重最小化距离为：

$$\| X_1 - X_0 W \| = \sqrt{(X_1 - X_0 W)' V (X_1 - X_0 W)} = \sqrt{\sum_{m=1}^{M} v_m (X_{1m} - X_{0m} W)^2} \tag{8}$$

同时 V 是一个（$M \times N$）的对称正定矩阵，V 可以通过 X_0 和 X_1 中的预测解释变量对结果的预测能力给予一定的权重，合成控制的权重向量 $\mathbf{w}^*$ 受到 V 的影响。“$V_1, \cdots, V_m$”的选取可以根据研究人员对各协变量的预测能力，通过主观认知来进行选取，也可以由研究人员使用回归分析的方法来分析考察哪些协变量具有更优秀的分析能力。本文参考前人的做法，使用事前均方误差（mean squared predicted error，MSPE）最小的矩阵 V：

$$\sum_{t=1}^{T_0} (Y_{1t} - \sum_{j=2}^{N+1} w_j^* (V) Y_{jt})^2 \tag{9}$$

四、变量说明及数据来源

1. 指标选择

产业结构的转型升级通常是指由于技术的进步，引发社会投资结构的调整，同时特定产业部门受到冲击，使得要素由从低生产率部门向高生产率部门流动。从宏观层面来看，产业结构的转型升级包含了产业结构合理化和产业结构高级化两个维度，本文从这两个维度考察“振兴东北”的政策效应对辽宁省的产业结构转型升级作用。

产业结构高级化（ind），是指产业结构的发展方向由第一产业转向第二产业，逐步过渡到第三产业。产业结构高级化的关键是服务业的繁荣发展，其中一个标志是第三产业增长率高于第二产业增长率，本文采用第三产业增加值与第二产业增加值的比值（ind）来对产业结构高级化水平进行测度（干春晖，2011），ind 为正向指标，当 ind 增加时，代表产业结构朝服务化方向推进。

产业结构合理化（TL），反映了不同产业间配合度和对资源的有效配置程度，也是对要素投入结构和产出结构耦合度的一种反映。产业结构合理化使用泰尔指数来衡量。公式表示为：

$$TL = \sum_{i=1}^{3}\left(\frac{Y_i}{Y}\right)\ln\left(\frac{Y_i}{Y}\Big/\frac{L_i}{L}\right) \tag{10}$$

其中，i 表示第 i 产业，L 表示就业人数，Y 表示地区生产总值，$\frac{Y_i}{Y}$表示第 i 产业占地区生产总值的比重，$\frac{L_i}{L}$表示第 i 产业就业人数占总就业人数的比重。从古典经济学理论可知，当经济产出处于均衡状态时，各生产部门的生产率水平相当，也即$\frac{Y}{L}=\frac{Y_i}{L_i}$，此时 $TL=0$。当 TL 越大，则表示越偏离均衡状态，产业结构越不合理。

根据“振兴东北”政策的目标以及产业结构研究的有关文献，为了让“合成辽宁省”更好地拟合辽宁省的产业结构特征，本文所选择的预测控制变量均为事前变量，具体包括：

政府支出水平（czzc）：通常情况下，政策发挥效应是由政府决定公共财政的投资领域和投入规模来引导经济发展方向，本文以地方政府财政支出来衡量政府对经济发展的引导作用，该项指标充分反映了政府对资源的调配能力及其对区域经济发展的参与程度。

投资水平（gdtz）：固定资产投资通常拥有一定的倾向性，从而对地区产业结构升级产生作用，本文以固定资产投资额作为衡量指标。

经济发展水平（prgdp、GDP）：经济增长是衡量一个地区经济发展状况的重要指标，经济增长往往会带动产业结构发生变化，本文用人均 GDP（prgdp）和省份 GDP 作为指标衡量区域经济增长水平。

人力资本水平（rlzb）：人力资本水平通常采用平均受教育年限来代表，由于各省份层面的平均受教育年限数据无法获得，本文以普通高等学校在校生人数作为代理变量用来测度地区之间的人力资本存量。

技术创新水平（zlsq）：专利的授权通常意味着技术壁垒，技术的垄断通常也能影响地区的产业结构发展方向，因此，本文采用专利申请的授权量作为区域技术创新程度的指标。

同时根据合成控制法的原理，在选择权重时，要使实验组政策实施前，“合成辽宁省”产业结构与辽宁省尽量一致。因此本文选取 1992 年、2001 年两个年份的产业结构合理化程度、高级化程度作为预测控制变量，以保证“合成辽宁省”与辽宁省产业结构及其发展趋势的一致性。

2. 数据来源及描述性统计

由于合成控制法的思想是构建一个反事实的合成辽宁省，因此要求政策的实施对控制组不产生显著影响，所以本文剔除了吉林、黑龙江两个省份，最终选取 29 个省份 1992 ~ 2017 年的面板数据，合成一个同辽宁省产业结构变化路径相似的合成辽宁省进行政策效应评估。为消除数据之间的异方差，本文对以上的变量进行对数化处理，同时考虑到数据的完整性，本文对所使用的部分指标数据用插值法补充或作出相应剔除，所有指标数据均来源《国家统计局》及各省份统计年鉴。

表 1 中描述了各变量的统计性特征。结果变量中：产业结构高级化（ind）和产业结构合理化（TL）最大最小值差距较为明显。说明各省份的产业结构发展水平不一致，也说明产业结构存在巨大的调整空间，对产业结构水平较低的省份应加速产业结构调整。

表 1　　　　各变量描述性统计结果

变量名	样本量	均值	标准差	最小值	最大值
prgdp	754	22078. 47	22667. 09	1018	137596
GDP	754	9497. 589	13015. 75	33. 3	91648. 7
gdtz	754	6076. 227	9037. 121	13. 33	55202. 72

续表

变量名	样本量	均值	标准差	最小值	最大值
zlsq	754	16111.87	38935.26	1	332652
czzc	754	1674.325	2165.573	15.86	15037.48
rlzb	754	45.53627	46.00035	0.22	201.53
ind	754	1.083696	0.5355346	0.5270511	4.893987
TL	754	0.1915013	0.4102268	-0.3499504	2.52844

五、实证结果分析

1. 基本结果

合成控制法基于反事实所构建的合成辽宁省，反映未采取“振兴东北”政策下的辽宁省产业结构发展状况。若真实辽宁省和合成辽宁省的曲线在2003年前几乎一致，但在“振兴东北”政策实施之后两者有明显的差异，则两者之间的差异是“振兴东北”政策所导致的。同时，合成控制法所构建的合成辽宁省是控制组按一定权重组合生成的。表2列出合成辽宁省产业结构合理化和产业结构高级化的合成比重值。以产业结构合理化的合成权重为例，其中，广东省权重最大，为0.456。这表明“振兴东北”政策之前，广东省与辽宁省的产业结构合理化水平的特征相近。

表2　合成控制法的最优权重组合

产业结构合理化				产业结构高级化			
控制对象	权重	控制对象	权重	控制对象	权重	控制对象	权重
北京	0	江西	0	北京	0	江西	0
安徽	0	内蒙古	0	安徽	0	内蒙古	0
重庆	0	宁夏	0.054	重庆	0	宁夏	0
福建	0	青海	0	福建	0	青海	0
甘肃	0	山东	0	甘肃	0	山东	0.502
广东	0.456	上海	0.1	广东	0.141	上海	0
广西	0	陕西	0	广西	0	陕西	0
贵州	0	山西	0.011	贵州	0	山西	0.287
海南	0	四川	0.11	海南	0	四川	0

续表

产业结构合理化				产业结构高级化			
控制对象	权重	控制对象	权重	控制对象	权重	控制对象	权重
河北	0	天津	0.127	河北	0	天津	0.016
河南	0	新疆	0	河南	0	新疆	0
湖北	0	西藏	0	湖北	0	西藏	0
湖南	0.142	云南	0	湖南	0	云南	0.055
江苏	0	浙江	0	江苏	0	浙江	0

作为预测变量考察“振兴东北”政策对辽宁省产业结构变动的影响。根据合成控制法的基本思想，在政策实施前的时间段（即1992~2003年）的各项指标应与辽宁省尽可能一致。对2003年实施“振兴东北”政策之前真实辽宁省和合成辽宁省的相关预测变量进行比较（见表3）。由表3可知，合成辽宁与真实辽宁在政府支出水平、投资水平、经济发展水平、人力资本、技术创新水平等预测协变量的真实值和合成值差距很小，拟合效果很好。这种结果潜在地说明相比双重差分方法，合成控制法更能避免偏误。由此可知，合成辽宁能够很好地模拟未受政策干扰的辽宁省。

表3　　预测变量真实值与合成值对比

产业结构合理化			产业结构高级化		
预测变量	辽宁真实值	合成辽宁	预测变量	辽宁真实值	合成辽宁
ln_prgdp	9.109713	9.075385	ln_prgdp	9.109713	8.760798
ln_GDP	8.222967	8.224561	ln_GDP	8.222967	8.28338
ln_gdtz	7.017775	7.185035	ln_gdtz	7.017775	7.166407
ln_czzc	5.982258	5.983479	ln_czzc	5.982258	5.908092
ln_rlzb	3.20518	2.826764	ln_rlzb	3.20518	3.066482
ln_zlsq	8.215639	8.203206	ln_zlsq	8.215639	8.077508
TL（1992）	0.0186152	0.010937	ind（1992）	0.7317832	0.7359448
TL（2001）	0.1937885	0.1945794	ind（2001）	0.8516965	0.860631

首先，本文考察辽宁省的产业结构转型升级具体使用的指标是产业结构合理化和产业结构高级化，当使用全国其余省份作为控制组来估计没有政策实施前的辽宁省产

业结构时，辽宁省和对应的合成辽宁省在 1992 ~ 2017 年的产业结构合理化和高级化相对程度如图 1 和图 2 所示，其中垂直虚线所示的位置表示“振兴东北”政策实施的年份。在虚线左侧，辽宁与其合成控制省份的产业结构模式非常接近，差异极小，说明合成辽宁很好地拟合了辽宁省产业结构的变化趋势。在 2003 年以后，政策实施后，两者逐渐偏离，辽宁与合成辽宁相比，产业结构合理化程度明显改善，产业结构高级化的升级效应明显。辽宁与合成辽宁两者的差值正是“振兴东北”政策对辽宁省产业结构的影响作用，当实施“振兴东北”政策后，“振兴东北”政策对辽宁省的产业结构有显著的作用。

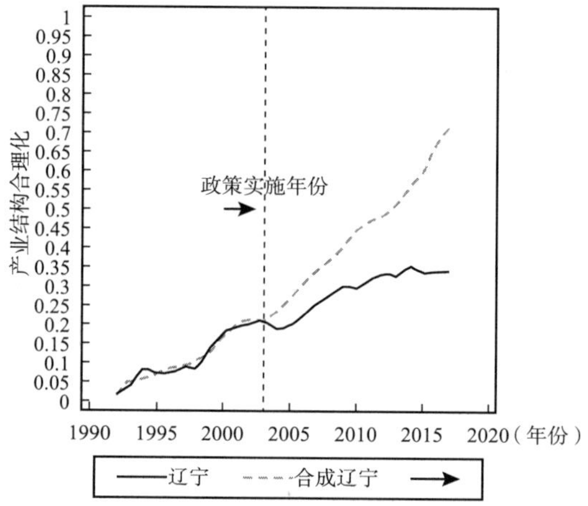

图 1　辽宁和合成辽宁产业结构合理化程度对比

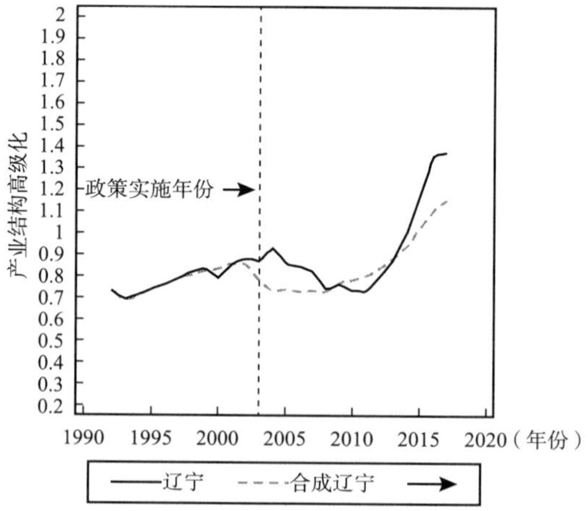

图 2　辽宁和合成辽宁产业结构高级化程度对比

为了更为直观地考察“振兴东北”政策对辽宁省产业结构合理化和高级化的影响，我们通过计算2003年前后实际辽宁省与合成辽宁省的产业结构合理化和高级化程度的差距。图3表明，1992～2003年，辽宁省与合成辽宁省两者产业结构合理化程度之间的差距在正负0.02范围内波动；2003年之后，两者差距逐渐突破了原有范围，差距持续为负，并且呈持续扩大趋势。“振兴东北”政策实施后真实辽宁省的产业结构合理化程度与合成辽宁省产业结构合理化程度之间的差距逐步扩大，结果说明“振兴东北”政策的实施显著促进了辽宁省的产业结构合理化的改善，而且改变的程度随着时间的推移逐步递增。

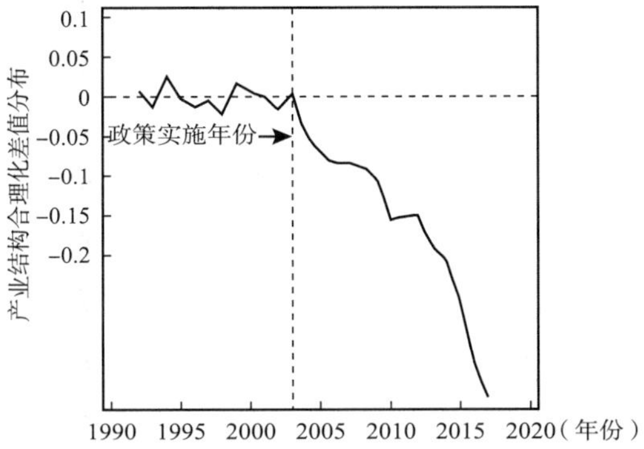

图3 辽宁和合成辽宁产业结构合理化差值

图4显示，在2003年实施“振兴东北”政策后，辽宁省相对合成辽宁省的产业结构高级化程度有明显的提高，但效应逐步降低，在2008年以后变成负值，可能的原因是2008年的金融危机导致辽宁省的结构性矛盾加剧，引发产业结构高级化进程放缓。

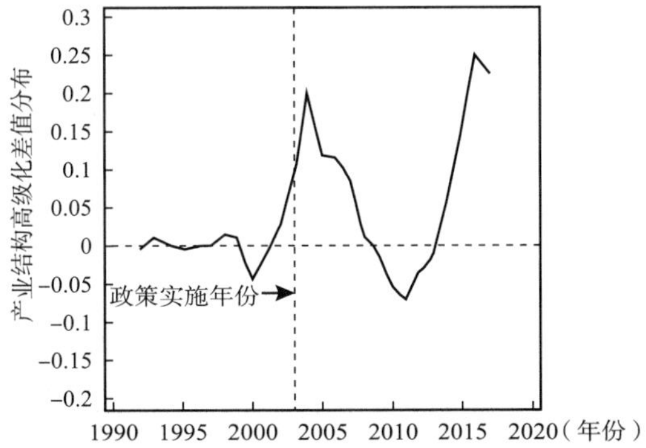

图4 辽宁和合成辽宁产业结构高级化差值

2. 稳健性检验

以上的分析说明了“振兴东北”政策改善了辽宁省的产业结构，但辽宁省有其本身的特点，与其他省份存在个体异质性，这种差异可能会使得研究结论存在着一定程度的误差。同时，因为合成控制法只能尽可能准确的构建反事实实验组，因此政策评估结果有一定程度的不确定性。这些因素的存在使得研究结论受到了一些质疑。同时“振兴东北”政策对辽宁省产业结构转型升级的作用是否在统计上显著？针对前项问题，为确保结果的可靠性，下面将采取安慰剂检验和排序检验对前文结论做出进一步检验。

（1）时间安慰剂检验

由阿巴迪等（2003，2010，2015）提出的安慰剂检验思想，本文通过构建时间维度的反事实检验进行稳健性检验。将“振兴东北”政策由实际的实施时间2003年往前推至1998年，假设辽宁省在该时点实施“振兴东北”政策，并运用合成控制法来检验政策效果。如果此时得出的结论与前文相类似，则说明辽宁省的产业结构变动并不能完全归因于“振兴东北”政策的实施；反之，则表明研究结论并不存在着其他因素的干扰。时间安慰剂的检验结果见图5，1998年前后，真实辽宁与合成辽宁的产业结构高级化及合理化虽然存在细微差别，但并未有显著的差异，且两者的走向趋同。因此，即便将政策实施时点提前至1998年也并未带来明显政策效应，可以说明上述的研究结论能够排除其他因素的干扰，肯定了2003年“振兴东北”政策实施对辽宁省产业结构升级的正向作用。

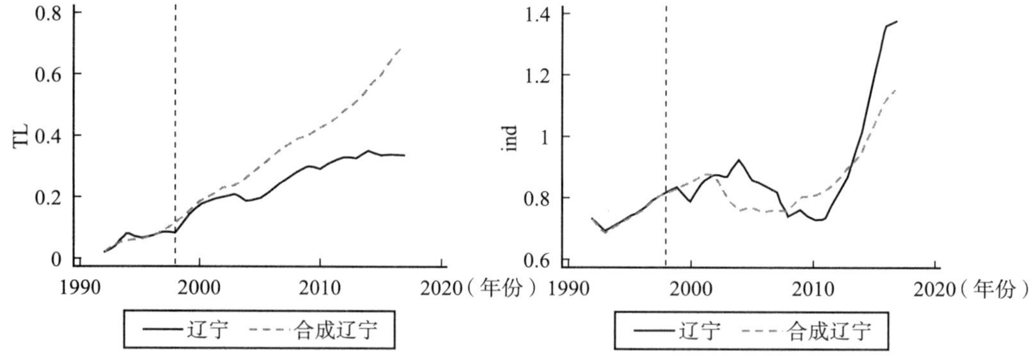

图5　时间安慰剂

（2）地区安慰剂检验

为了验证研究结果的稳健性，我们对其他省份进行了安慰剂检验。安慰剂检验的思路如下：针对没有实施“振兴东北”政策的某一个省份，我们假设是它而不是辽宁省实施了“振兴东北”政策，然后采用合成控制法，用其他地区（不包括辽宁省）构建这个地区的反事实合成组，考察在2003年以后这个地区和它的反事实合成组之间产业结构高级化程度的差距，观察两者之间是否也出现显著的不同。产业结构合理化和高级化所选择的对象分别是广东省、山东省，也即分别构造合成辽宁省权重最高的区域，图6展示了对于广东省、山东省进行地区安慰剂检验的结果。可以看到，对于合成广东省与合成山东省两者对真实辽宁省前期产业结构变化的拟合程度良好，合成广东省很好地复制了广东省应有的产业结构合理化变动趋势，两者之间的差异程度并未随时间推移而进一步扩大。而合成山东省的产业结构高级化效应不明显，这一检验进一步说明了“振兴东北”政策确实在一定程度上促进和加快了辽宁省的产业结构转型升级。

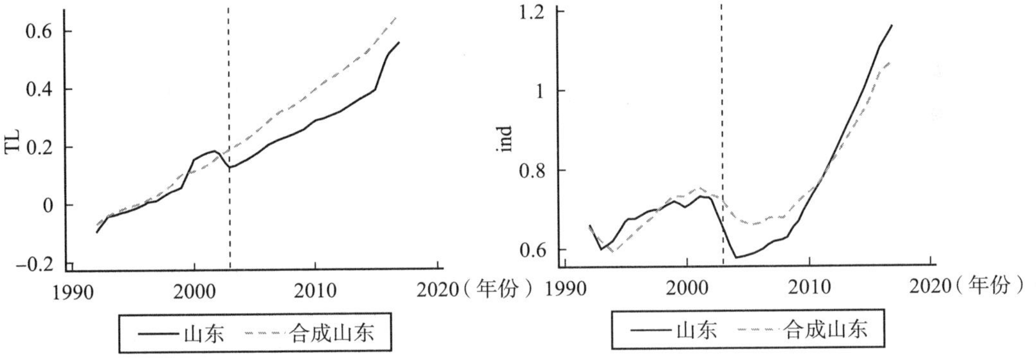

图6　地区安慰剂

（3）排序检验

本文采用阿巴迪（2003，2010，2015）提出的类似于统计中秩检验的排序检验来进一步验证前文的实证结果。如果估计的政策效应在统计上结果显著，则说明被解释变量的差异确实是由于“振兴东北”政策所带来的变化而不是由于一些未观测到和未考虑到的外部因素。检验的思路是假设所有作为控制组的省市在2003年均实施“振兴东北”政策，使用合成控制法来构造反事实合成组然后和实际情况做对比，所估计得到的政策效果差距足够大的话，就有足够的证据表明“振兴东北”政策效果是十分显著的。并不是偶然现象，反之亦然。

此外，为了衡量政策效果前后差距，本文参照（王金营、贾娜，2020）的做法，构造能代表一个省份相对于其合成对象拟合程度的系数—拟合差异值（MSPE），MSPE在政策实施前后的比值可以用以识别“安慰剂”和“政策实施”效果，如下所示：

$$MSPE = \frac{1}{T_0}\sum_{t=1}^{T_0}(Y_{1t} - \sum_{k=2}^{k+1} w_k^* Y_{kt})^2 \tag{11}$$

$$MSPE_{-ratio} = \frac{post\_MSPE}{pre\_MSPE} \tag{12}$$

这一指标的使用前提是政策实施前的省份的反事实合成组都有着较好的拟合效果，倘若在政策实施前的拟合效果不理想，即 pre_MSPE 的值过大，那么即使在政策实施时点之后得到的被解释变量差值明显也同样不能够反映该项政策的政策效果。理由是，假设合成的对象没能很好地拟合实施政策前的被解释变量，那么最后所得到的政策效应也很有可能是由于拟合效果不好所导致的结果，而与政策无关。本文对未实施“振兴东北”政策的其余省份进行了安慰剂检验，分别计算实际情况和合成情况之间在 2003 年实施“振兴东北”政策后的差距，以验证“振兴东北”政策的效果分布。由于 2003 年是政策实施时点，如果某省份 2003 年之前的 MSPE 比较大则说明模型对该地区的拟合程度较差，进而该省的政策效果不具有可信度。参考阿巴迪（2003，2010，2015）的做法，本文去掉了 pre_MSPE 为辽宁省 5 倍以上的省份，图 7、图 8 是排除拟合效果不好的省份后，排序检验所呈现的误差分布状态。由图 7 分析

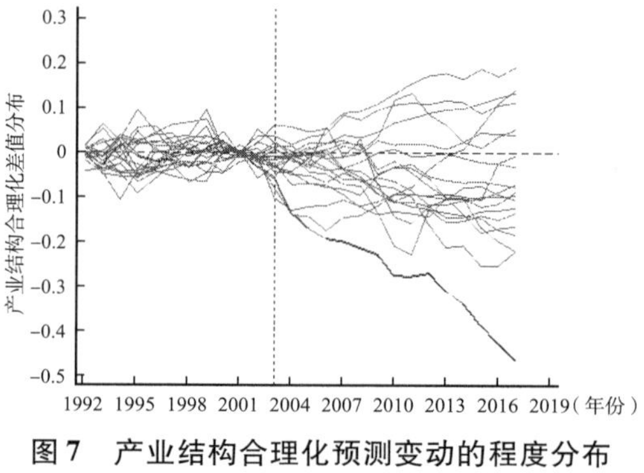

图 7　产业结构合理化预测变动的程度分布

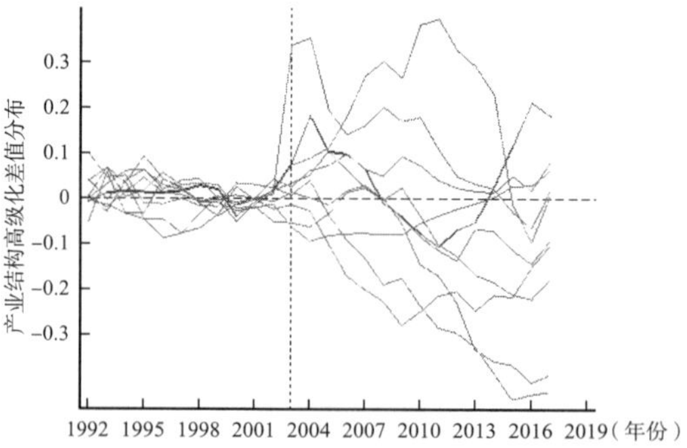

图 8　产业结构高级化预测变动的程度分布

可知，在2003年之前，辽宁同其他地区之间的产业结构合理化程度差异并不大，但在2003年实施“振兴东北”政策后，产业结构合理化差异逐渐扩大，且真实辽宁省与合成辽宁省的差距位于大部分省份分布的下方。图8显示辽宁省的产业结构高级化效应位于其他省份变动情况的上方，均说明“振兴东北”政策对辽宁省的产业结构效应显著。

此外，本文计算各省份于2003年后相对变动程度与事前变动程度的比值，研究该比值的显著性，进而考察“振兴东北”政策对辽宁省产业结构转型升级是否产生重要干扰，并且该影响是否显著。根据合成控制法的思想，在2003年之前的变动程度越小则说明事前拟合的情况越好，说明合成地区的产业结构与真实地区的情况相符；但在2003年之后的变动程度则越大越好，以此说明政策效果对产业结构的影响越大。因此，当“振兴东北”政策对辽宁产业结构产生作用，并且该作用是显著的，则相对变动程度的比值，即MSPE应较大。图9、图10横轴表示MSPE的值，纵轴表示所对应的省份个数。可以发现无论是产业结构合理化还是产业结构高级化的平均标

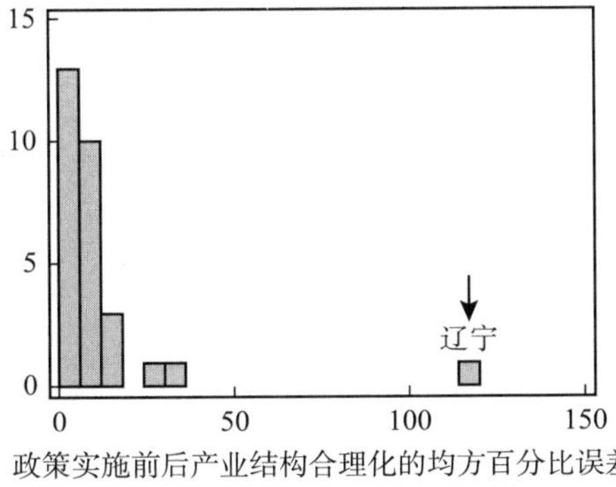

图9　产业结构合理化平均标准变动程度

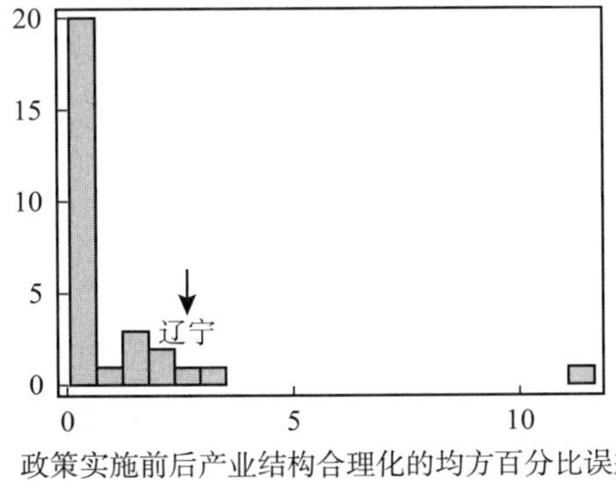

图10　产业结构高级化平均标准变动程度

准变动程度都在5%以下的水平显著，综上，通过一系列稳健性检验，我们可以认为“振兴东北”政策对辽宁省的产业结构转型升级具有促进作用，并且该作用是显著的，即在“振兴东北”政策执行后辽宁省的产业结构变化趋势发生明显改变，并不是由偶然因素所导致的。

六、结论及政策建议

1. 结论

本文通过合成控制法考察了“振兴东北”政策对于辽宁省产业结构升级的影响作用。研究发现：

第一，2003～2017年，辽宁省的产业结构合理化程度与反事实的合成辽宁相比有较大改善，但辽宁省也仍存在产业结构不合理的情况。

第二，“振兴东北”政策对辽宁省的产业结构高级化的促进效应在短期内效果显著，但在中期出现一定程度的衰减，可能是由于外部因素的冲击所导致，长期看来“振兴东北”政策有效加快了辽宁省的产业结构高级化进程。

2. 政策建议

第一，进一步优化产业结构，为辽宁省经济高质量发展打下坚实基础。产业结构的升级对经济的增长有正向作用，而目前辽宁省的产业结构仍有所失衡，因此辽宁省要想实现经济更好更快发展，则仍需进一步加快产业结构转型升级。首先，要发挥自身的长处和优势，升级原有的优势产业，扶持劣势产业，实现产业结构多元化发展。同时，辽宁省应大力建设高、精、尖装备制造业基地，发展高新技术产业。

第二，建立完善的政府管理制度，打造良好营商环境：破除“官本位”“等靠要”“找关系”等顽固思想，破除计划经济时期处理事务的解决办法，不能凡事以国企、事业单位为先，私营企业为轻。降低市场准入门槛，鼓励企业良性化市场化竞争，利用市场机制促进优胜劣汰，将资源向优势产业和企业靠拢。在当前“三期叠加”的经济背景下，实行分类引导，辽宁老工业基地应侧重优化新增投资的结构，减少对产能过剩企业和领域的“无效”投资，政府政策的目的应将重心放在创造新供给和满足新需求上。

第三，突破固化效应，促进产业体系多元化发展：在当前追求经济高质量发展的阶段，第一、第二、第三产业不应该完全割裂开来，所追求的产业结构合理化、产业结构高级化，并不是说完全摒弃前期投资，转向另一产业的发展。在产业集群区域，三大产业本就是相辅相成、互相促进共同发展的。因此追求经济高质量发展，必须发挥财税政策的引导作用，鼓励企业加大研发力度，促进产业融合，推动现代化服务业和高端制造业之间的相互促进和融合发展。

第四，破除投资路径依赖，开拓产业转型新着力点：实现路径突破的关键在于新企业的发展与地区人力资本水平的稳步提高。辽宁省在充分考虑地区特性的前提下，应拓宽发展视野，发展外向型企业，挖掘潜在优势产业及企业。

参考文献

[1] Alberto Abadie, Alexis Diamond, Jens Hainmueller. Comparative Politics and the Synthetic Control Method [J]. American Journal of Political Science, 2015, 59 (2).

[2] Alberto Abadie, Alexis Diamond, Jens Hainmueller. Synthetic Control Methods for Comparative Case Studies: Estimating the Effect of California's Tobacco Control Program [J]. Journal of the American Statistical Association, 2010, 105 (490).

[3] Alberto Abadie, Javier Gardeazabal. The Economic Costs of Conflict: A Case Study of the Basque Country [J]. American Economic Review, 2003, 93 (1).

[4] 陈桢. 产业结构与就业结构关系失衡的实证分析 [J]. 山西财经大学学报, 2007 (10): 32-37.

[5] 褚敏, 靳涛. 为什么中国产业结构升级步履迟缓——基于地方政府行为与国有企业垄断双重影响的探究 [J]. 财贸经济, 2013 (3): 112-122.

[6] 董洪梅, 张曙霄, 董大朋. 政府主导与市场化对东北地区产业结构升级的影响——基于地级及以上城市面板数据的实证分析 [J]. 云南财经大学学报, 2019, 35 (10): 57-65.

[7] 董香书, 肖翔. "振兴东北老工业基地" 有利于产值还是利润? ——来自中国工业企业数据的证据 [J]. 管理世界, 2017 (7): 24-34, 187-188.

[8] 干春晖, 郑若谷, 余典范. 中国产业结构变迁对经济增长和波动的影响 [J]. 经济研究, 2011, 46 (5): 4-16, 31.

[9] 韩永辉, 黄亮雄, 王贤彬. 产业政策推动地方产业结构升级了吗? ——基于发展型地方政府的理论解释与实证检验 [J]. 经济研究, 2017, 52 (8): 33-48.

[10] 何德旭, 姚战琪. 中国产业结构调整的效应、优化升级目标和政策措施 [J]. 中国工业经济, 2008 (5): 46-56.

[11] 和军. 东北经济的结构、体制关键障碍与突破路径 [J]. 当代经济研究, 2019 (8): 96-106.

[12] 胡琦. 东北产业结构的逆工业化变动特征及转型思路 [J]. 上海经济研究, 2005 (6): 21-30.

[13] 江飞涛，李晓萍．直接干预市场与限制竞争：中国产业政策的取向与根本缺陷 [J]．中国工业经济，2010 (9)：26 –36.

[14] 李力行，申广军．经济开发区、地区比较优势与产业结构调整 [J]．经济学（季刊)，2015，14 (3)：885 –910.

[15] 李向平，宋帅官，赵玉红．辽宁经济衰退的历史缘由与振兴路径 [J]．地方财政研究，2019 (1)：4 –9 +43.

[16] 卢英敏，刘佳丽．东北老工业基地供给侧结构性矛盾与政府治理变革 [J]．商业研究，2019 (6)：26 –33.

[17] 石琳．产业结构高度化下的东北资源型城市转型 [J]．税务与经济，2019 (5)：1 –8.

[18] 宋凌云，王贤彬，徐现祥．地方官员引领产业结构变动 [J]．经济学（季刊)，2013，12 (1)：71 –92.

[19] 孙祥栋，尹彦辉，李粉，刘学之．资源枯竭城市转型试点政策有利于产业结构调整吗？——基于山东省枣庄市的“准自然实验” [J]．现代城市研究，2020 (9)：109 –115.

[20] 孙泽华．辽宁自贸区发展针对差异化的路径选择 [J]．对外经贸实务，2017 (7)：66 –69.

[21] 王金营，贾娜．政策调整变迁与京津冀区域协同发展——基于合成控制法的分析 [J]．人口与经济，2020 (5)：72 –86.

[22] 王洛林，魏后凯．振兴东北地区经济的未来政策选择 [J]．财贸经济，2006 (2)：3 –10 +96.

[23] 谢伟．苏联工业模式兴衰对振兴东北老工业基地的启示 [J]．学术交流，2019 (6)：110 –118.

[24] 杨天宇，荣雨菲．区域发展战略能促进经济增长吗——以振兴东北老工业基地战略为例 [J]．经济理论与经济管理，2017 (10)：88 –99.

[25] 尤文龙，王官成．东北地区传统产业与新兴产业融合发展效果研究 [J]．财经问题研究，2019 (8)：38 –45.

[26] 张华新，刘海莺．俱乐部收敛、产业升级与财政策略选择——对东北老工业基地振兴的新思考 [J]．经济问题探索，2017 (8)：50 –56.

[27] 张同斌，高铁梅．财税政策激励、高新技术产业发展与产业结构调整 [J]．经济研究，2012，47 (5)：58 –70.

[28] 赵新宇，郑国强，万宇佳．官员激励、要素市场扭曲与产业结构升级 [J]．东北师大学报（哲学社会科学版)，2019 (6)：159 –166.

［29］郑晓舟，郭晗，卢山冰．双重环境规制与产业结构调整——来自中国十大城市群的经验证据［J］．云南财经大学学报，2021，37（3）：1－15.

［30］周宜昕，郭振．产业结构升级在东北地区经济发展中的乘数效应［J］．统计与决策，2019，35（23）：139－143.

Study on the Effect of Upgrading Industrial Structure of Revitalizing Northeast China

—Take Liaoning Province as an Example

Wang Qing　Liu Siliang

Abstract: Since the implementation of the policy of revitalizing Northeast China in 2003, the industrial structure of Liaoning Province has been continuously upgraded. This paper evaluates the role of the policy of revitalizing Northeast China in improving the industrial structure of Liaoning Province, such as industrial overcapacity, the slow development of the tertiary industry, the loss of regional advantages and so on, through empirical analysis, which helps the country to formulate more reasonable regional policies. In this paper, the synthetic control method is used toevaluate the effect of revitalizing northeast policy on the optimization and upgrading of industrial structure in Liaoning Province from two dimensions of rationalization and upgrading of industrial structure. The results show that the policy of revitalizing Northeast China has a significant effect on the optimization and upgrading of industrial structure in Liaoning Province. But in the long run, the industrial structure of Liaoning Province is still unbalanced. Therefore, we should use systematic thinking to guide the development of industrial structure in Liaoning Province by classification, and make strategic plans for the revitalization of Northeast China, so as to realize the all-round revitalization of Liaoning's old industrial base.

Keywords: Transformation and upgrading of industrial structure　Liaoning old industrial base　Revitalization of Northeast China

东北工业基地与新中国工业化*

黄　巍**

摘　要：东北工业基地是新中国工业崛起的摇篮，其大规模建设开始于“一五”计划时期。从客观上讲，新中国工业化发端于以东北地区为重点的156项目建设，由于156项目中的56项相继在东北集中建成，不仅直接推动了东北成长为新中国工业崛起的摇篮以及东北工业基地的大体形成，而且为新中国工业化奠定了初步基础。我国很多重要工业部门从无到有，从弱到强，实现了历史性的跨越，奠定了我国工业化的初步基础，新中国独立自主的工业化体系也随之初步形成，对我国经济发展产生了深远影响。

关键词：东北　新中国　工业化

关于当前东北老工业基地振兴的相关研究，学术界多是从经济学、社会学角度展开，对从历史学角度考察东北老工业基地形成、发展相关问题的研究却付之阙如，如果从历史角度楔入，则可以更加清晰、全面、长时段地认识相关问题。从客观上讲，新中国工业化发端于以东北地区为重点的156项目建设，① 由于156项目中的56项②

---

* 基金项目：2020年度辽宁省社会科学规划基金一般项目《新中国70年来辽宁工业发展历程与当代价值研究》（项目批准号L20BDS015）的阶段性成果。

** 作者简介：黄巍：（1977～），辽宁丹东人，副研究员，历史学博士；研究方向：中共党史、东北区域经济史；电子邮箱：huangwei1013@ sina. com。

① 代表性著作如董志凯、吴江著：《新中国工业的奠基石——156项建设研究（1950－2000）》，广东经济出版社2004年版；陈夕总主编《中国共产党与156项工程》，中共党史出版社2015年版等。代表性论文如王奇：《“156”项工程与20世纪50年代中苏关系评析》，载于《当代中国史研究》2003年第2期；何一民、周明长：《156项工程与新中国工业城市发展（1949－1957年）》，载于《当代中国史研究》2007年第2期；唐艳艳：《“一五”时期“156项工程的工业化效应分析”》，载于《湖北社会科学》2008年第8期；唐日梅：《“156项”工程与辽宁老工业基地的形成》，载于《兰台世界》2009年第11期等。

② 由于在“一五”计划的实际实施中，根据实际需要和可能，156项中有的项目取消，经过项目增减拆并，最后施工的为150项，但由于156项已写进了“一五”计划并先行公布，即称156项。资料来源：陈夕．中国共产党与156项工程［M］．中共党史出版社，2015：648－649，661－662.

相继在东北集中建成，不仅直接推动着东北成长为新中国工业崛起的摇篮以及东北工业基地的大体形成，而且为新中国工业化奠定了初步基础，从而为新中国工业化建设作出了巨大贡献。有鉴于此，本文拟从历史角度梳理东北工业基地与新中国工业化之间关系的相关问题，期望对相关研究提供有益的启示。

一、156项工程与东北工业基地

1949年以前，我国工业仍以手工为主，工业技术水平低下，重工业比例极低，且门类短缺，全国工业没有形成规模和独立体系。1949年9月，中国人民政治协商会议通过了具有临时宪法作用的《中国人民政治协商会议共同纲领》，明确规定要把农业国变为工业国作为奋斗目标，并将“有计划有步骤地恢复和发展重工业”作为重点。新中国成立后，对东北工业基地的建设，党中央和毛泽东非常重视，1950年3月3日，毛泽东在中共中央东北局高级干部会议上指出：“东北是全国的工业基地，希望你们搞好这个工业基地，给全国出机器，出专家。我们现在从关内送一批知识分子来，以便将来给全国训练专家。”①

1950~1952年，国家对东北的基本建投资占据全国六大区之首，“投资比重最大的地区是东北，占全国投资总额的51.66%，其中工业投资占38.8%，1951年，东北占全国工业基建工作总量的40.3%”。② 经过三年国民经济恢复时期，1953年，中共中央提出过渡时期总路线，即要在一个相当长的时间内逐步实现国家的社会主义工业化，认为“国家的社会主义工业化是国家独立和富强的当然要求和必要条件”。③ 并决定实施“以苏联援建的156项工程为核心，共计配套建设900余个大中型限额以上项目”（陈夕，2015）的第一个五年计划，专门强调要集中力量建设以机械、钢铁、能源、军工为核心的重工业。据统计，156项工程实际实施的150项具体分布在17个省、区、直辖市，其中，东北占据了最大比重，“辽宁24项，占实际实施总数的16%；黑龙江22项，占14.7%；吉林10项，占6.7%。”（陈夕，2015）可见，在实际实施的150项中，辽宁、黑龙江、吉林分别为24项、22项、10项，共计56项，比重高达37.4%，居全国六大区第一位。在该56项工程中，主要包括钢铁、航空航天、机械、船舶、煤炭、石油、电力、有色金属、化学等多个重要工业门类，根据

---

① 中共中央文献研究室．毛泽东年谱（1949－1976）》第1卷［M］．北京：中央文献出版社，2013：99.

② 中国社会科学院，中央档案馆．1949－1952中华人民共和国经济档案资料选编（基本建设投资和建筑业卷）［M］．浙江：中国城市经济社会出版社，1989：257，261，262.

③ 中央档案馆；中共中央研究室．中共中央文件选集（1949.10－1966.5）第1册［M］．北京：人民出版社，2013：12.

156项工程实际实施的150项在17省区市的投资情况看，东北仍然占据了最大比重，如表1所示。

表1　156项工程实际实施的150项在17省区市的投资情况（按实际完成投资排序）

省份	计划安排投资		实际完成投资		“一五”时期完成投资	
	绝对数（万元）	相对数（%）	绝对数（万元）	相对数（%）	绝对数（万元）	相对数（%）
辽宁	459537	22.7	507521	25.9	354246	33.0
黑龙江	189161	9.4	216483	11.0	141344	13.2
陕西	182744	9.0	171403	8.7	112057	10.4
河南	261604	12.9	159704	8.1	46705	4.4
内蒙古	160897	8.0	159003	8.1	49332	4.6
湖北	170178	8.4	154805	7.9	39820	3.7
吉林	136558	6.8	145510	7.4	132772	12.4
甘肃	146614	7.3	139736	7.1	42718	4.0
山西	133531	6.6	131880	6.7	63073	5.9
云南	57681	2.9	55602	2.8	18175	1.7
河北	28077	1.4	28264	1.4	12732	1.2
北京	24356	1.2	25194	1.3	16339	1.5
江西	24697	1.2	25132	1.3	16196	1.5
四川	28556	1.4	22082	1.1	12751	1.2
湖南	13217	0.7	14255	0.7	12915	1.2
新疆	3270	0.2	3275	0.2	1981	0.2
安徽	1500	0.1	1486	0.1	472	0.0
合计	2022178	100.0	1961335	100.0	1073628	100.0

资料来源：陈夕．中国共产党与156项工程［M］．北京：中共党史出版社，2015：554.

从表1可见，在计划安排投资、实际完成投资、“一五”时期完成投资的17省份中，辽宁是这三方面投资最高的省份，所占比重分别为22.7%、25.9%、33.0%；黑龙江在实际完成投资、“一五”时期完成投资中名列第二名，所占比重分别为11.0%、13.2%；吉林在“一五”时期完成投资中名列第三名，所占比重为12.4%。综合可知，在计划安排投资、实际完成投资、“一五”时期完成投资的17省份中，东北所占比重分别高达38.9%、44.3%、58.6%，高居全国六大区第一位。

新中国把苏联援建的156项目中的近40%项目建设在东北，有着深刻的历史必然性，既顺应了国际、国内的形势，也同东北的区位优势和工业基础密切相关。新中国成立后，迫切需要改变工业落后的局面，从国内看，近代以来历经数次战争，国家满目疮痍，百废待兴，面临着资金短缺和工业基础薄弱的局面，而基础性重工业建设投资多、周期长、资金回流慢，国家首先建设东北既基于其原有的工业基础，也考虑到全国经济的综合发展，“1950年的建设重点在东北，把70%的工业投资放到东北，因东北已有基础，建设两年后即能支援关内”。① 从国际看，新中国成立初期，由于美国等西方国家对新中国实行经济封锁和外交孤立，新中国采取了向苏联社会主义阵营“一边倒”的外交政策，并相应形成了向苏联引进资金和技术以推动我国工业化发展的方针。1949年2月，中共中央与苏共进行了会谈，会议讨论苏联在中国军事工业以及其他工业发展中的作用问题，并提出了在制定国民经济计划中，“中国尤其重视东北的重要作用，争取把它变成中国的国防基地。东北应该能够生产汽车、飞机、坦克和其他武器。并指出，中国希望苏联帮助东北的工业开发”。(陈夕，2015)

同时，苏联援建的156项工程主要建在东北，又和东北有丰富的自然资源、雄厚的工业基础紧密相关，“估计全国铁矿储量，80%以上集中东北。”② 其中，黑龙江省能源产量占全国的1/6，辽宁的铁、菱镁矿、金刚石、玉石、滑石、硼、红柱石的埋藏量均居全国首位，到1952年，辽宁省工业固定资产原值、净值都占全国第一位，主要工业产品如原煤、原油、钢、成品钢材、硫酸、水泥等产量都在全国占有重要地位。工业基本建设是“一五”计划的中心，而“苏联援助156个单位的建设，又是工业建设计划的中心。”(陈夕，2015) 第一个五年计划对于工业基本建设的地区分布作了明确部署，提出要合理的利用东北、上海和其他城市已有的工业基础，发挥它们的作用，特别提到了东北工业基地建设的重要性，“最重要的是要在第一个五年计划期间基本上完成以鞍山钢铁联合企业为中心的东北工业基地的建设，使这个基地能够更有能力地在技术上支援新工业地区的建设。除了对于鞍山钢铁联合企业作重大的改建以外，东北各工业区的原有工业，如抚顺、阜新和鹤岗的煤矿工业，本溪的钢铁工业，沈阳的机器制造工业，吉林的电力工业，也都将在五年内加以改建”。(陈夕，2015) 156项工程在东北的建设和投产，不仅直接推动了东北工业基地的形成，也为

① 中国社会科学院，中央档案馆编. 1949－1952中华人民共和国经济档案资料选编（基本建设投资和建筑业卷）[M]. 中国城市经济社会出版社，1989：256.

② 中国社会科学院，中央档案馆编. 1949－1952中华人民共和国经济档案资料选编（基本建设投资和建筑业卷）[M]. 中国城市经济社会出版社，1989：968.

新中国工业化发展奠定了初步的基础。

二、新中国对东北工业基地的经略建设

在这种时代背景下，“一五”计划时期，为迅速改变我国工业基础落后的局面，国家采取了大力支持东北的措施。首先是资金的支持，以投资比重最大的辽宁为例，“五年间国家在辽宁共投资65.1亿元，占同期全国基本建设投资总额的11.8%。其中，用于工业建设的投资为46.4亿元，占同期全国工业投资总额的18.5%。在工业基本建设投资中，重工业投资为43.6亿元，占同期全国重工业投资总额的20.5%和全省工业总投资的94%”。（朱川等，1994）钢铁工业是工业建设的基础，国家工业化离不开钢铁，在国家对辽宁的工业投资中，以钢铁工业投资力度最大，“辽宁钢铁工业投资达18.1亿元，占全省工业总投资的39.1%，占全国钢铁工业总投资的48.2%”。（朱川等，1994）其中，鞍山钢铁公司是投资重点，“五年间，用于鞍钢的大规模改扩建投资达15.5亿元，占同期钢铁工业实际完成的基本建设投资总额的52%”。（陈夕，2015）国家对鞍钢不仅在资金上给予大力扶持，而且在人员技术上也给予了大力的支援，并提出了“全国支援鞍钢”的口号，1952年4月，财经委提出要“集中全国力量首先完成鞍钢的改建，是我国工业化首要的步骤，……除由东北自行配备者外，决定由各地和各工业部门抽调技术工人到鞍钢去”。① 这一时期，国家专门安排大批苏联专家到东北进行技术人力上的支援，“1950年7月至1951年底，前来鞍钢基建方面的苏联专家前后共约130人”。② 同时，东北也派实习人员到苏联学习，1953年6月，长春第一汽车厂“拟派遣632人”。③ 1954年1月，鞍山钢铁公司派实习团赴苏联学习，“正确的挑选与组织技术人员赴苏实习，对于今后新建企业有极重要的意义”。④

“一五”计划期间，国家对黑龙江省也进行了大幅度投资，其基本建设投资占全国总投资的10%（陈雷、侯捷，1990）。黑龙江省始终把工业建设摆在重要位置，并积极贯彻优先发展重工业的方针，其中，机械工业是黑龙江省工业投资的重点，占全

① 中国社会科学院，中央档案馆．1949－1952中华人民共和国经济档案资料选编（基本建设投资和建筑业卷）［M］．浙江：中国城市经济社会出版社，1989：419.

② 中国社会科学院，中央档案馆．1949－1952中华人民共和国经济档案资料选编（基本建设投资和建筑业卷）［M］．浙江：中国城市经济社会出版社，1989：791.

③ 中央档案馆，中共中央研究室．中共中央文件选集（1949.10－1966.5）第12册［M］．北京：人民出版社，2013：385.

④ 中央档案馆，中共中央研究室．中共中央文件选集（1949.10－1966.5）第15册［M］．北京：人民出版社，2013：88.

省工业投资的35.4%，占全国机械工业投资的23.7%（陈雷、侯捷，1990）。156项工程设在黑龙江省的有22项，13项建在哈尔滨，其中，哈尔滨量具刃具厂被列为全国工具行业“四大家族”之一，哈尔滨电机厂、哈尔滨锅炉厂、哈尔滨汽轮机厂这三大动力厂的建设为哈尔滨市开辟了一个新区，被誉为“动力之乡”。

“一五”计划之前，受抗美援朝战争影响，为保障边疆产业安全，辽宁一些重要工业企业迁到黑龙江省齐齐哈尔市，迁入并扩建了第一机床厂、第二机床厂、车辆厂等。“一五”计划时期，156项工程的大型企业富拉尔基第一重型机器厂、齐齐哈尔钢厂在黑龙江省齐齐哈尔市设立，其中，富拉尔基第一重型机器厂是国有骨干企业之一，主要为钢铁、电力、能源、汽车、矿山、石化等行业及国防军工提供重大成套技术装备，齐齐哈尔钢厂是“一五”时期全国主要工程建设中唯一的特殊钢厂。156项工程陆续在黑龙江省的建成投产和辽宁的南厂北迁奠定和构成了黑龙江省工业的基础，其工业规模和工业结构都发生了根本性的变化，黑龙江省也做到了有重点地投放人力、物力、财力，即把国防工程、国家重点工程、国营工程放在先的原则，到1956年，全省已有14项重点工程竣工并部分投入生产，到1956年9月底，“全省国营和地方国营工业总产值已达到1957年计划要求的99.6%，有111个工厂提前完成了1957年的计划指标”。（陈雷等，1990）

新中国成立以前，吉林省工业基础相对薄弱，“一五”计划之初，国家把吉林省作为工业建设重点区域之一，“五年期间为吉林省工业基本建设投资18.4多亿元，建限额以上的工程109项”。（刘敬之等，1991）156项工程有10项设在吉林省，如长春第一汽车制造厂、吉林染料厂、吉林电石厂、吉林铁合金厂、吉林热电站等。1956年7月，长春第一汽车制造厂成功生产出第一批载重汽车，“当年制造出解放牌汽车1240辆，装配吉斯150汽车430辆”。（刘敬之等，1991）中国的汽车工业由此起步，为吉林省的工业发展奠定了坚实的基础。

经过“一五”工业建设，尽管从整体工业实力上看，我国和工业大国苏联、美国依然存在着很大差距，但我国工业劳动生产率的提高速度高于苏联、美国，“1953～1956年，中国为13.9%、8.7%、10.6%、18.5%，苏联为6.7%、7.0%、8.0%、7.0%，美国为3.3%、2.1%、5.9%、1.4%”。[①] 由此说明我国已经步入工业化道路的初期轨道，“从1953年至1956年，全国工业总产值每年递增19.6%”。[②] 在实际完成的国家投资总额中，“工业部门占56%，重工业建设是经济建设的中心，在工业基

① 中国社会科学院，中央档案馆编．1958－1965中华人民共和国经济档案资料选编（工业卷）［M］．北京：中国财政经济出版社，2011：182.

② 中央档案馆，中共中央研究室编．中共中央文件选集（1949.10－1966.5）第1册［M］．北京：人民出版社，2013：14.

本建设投资额中，重工业的投资占87%，轻工业投资占13%”。（陈夕，2015）我国很多重要工业部门从无到有，工业布局有所改善，奠定了我国工业化的初步基础。

三、东北工业基地与新中国工业化

“一五”计划时期，东北区工业总产值为666.2亿元，[①] 位居全国六大区第二位，仅次于华东区，到1957年，东北区的生铁、原煤产量居全国六大区的第一位、第二位，其中，生铁产量占全国比重高达70.6%，排在第二位的华北区仅为15.9%，原煤产量占全国比重为33.1%，仅次于华北区的33.4%[②]。辽宁重工业基地初具规模，钢铁方面，形成了以鞍钢、本钢、抚钢、大钢为主体的全国第一个钢铁工业基地，“辽宁钢铁工业新增固定资产17.49亿元，五年累计生产铁1308万吨、钢1017万吨、钢材714.49万吨，分别占全国同期总产量的65.5%、61%和56.5%”。（朱川等，1994）机械工业方面，辽宁机械工业建设投资达6.18亿元，占全省工业建设总投资的13.3%，占全国机械工业基建总投资的16.1%，1957年，辽宁省各种机床产量达7627台，占全国同年产量的28.3%，[③] 形成了以沈阳、大连为中心，包括抚顺、锦州、本溪、营口、丹东等市，能够生产机床、机车和船舶的基地。煤炭工业方面，形成以抚顺、阜新、本溪、北票四大煤矿为主的煤炭生产基地，其中，抚顺被誉为全国的煤都，新建的阜新海州露天煤矿是当时全国最大的露天煤矿。以机械工业为中心的沈阳和著名的钢都鞍山、煤都抚顺、煤铁之城本溪相配合，成为东北工业基地的核心区域，被誉为“东方的鲁尔”。

1957年，辽宁省原煤开采能力达2586万吨，原煤产量达2284瓦吨，占全国同年产量的17.9%。电力工业方面，辽宁抚顺发电厂安装了当时全国最大的5万千瓦的发电机组，1957年全省发电量达52亿度，占全国同年发电量的26.9%。石油工业方面，形成以抚顺石油一厂、二厂、三厂和锦西炼油厂、锦州炼油厂、大连石油七厂为主的石油生产和加工基地，1957年，全省原油产量达56万吨，占全国同年产量的38.4%，原油加工能力达130万吨，占全国的1/3以上。化学工业方面，形成以大连化工厂、沈阳化工厂和锦西化工厂为主的基本化工原料生产基地，1957年，全省硫酸、纯碱、烧碱产量分别占全国同年产量的49%、37.1%和49.5%。建材工业方面，

---

① 中国社会科学院，中央档案馆编．1953－1957中华人民共和国经济档案资料选编（工业卷）［M］．北京：中国物价出版社，1998：1168.

② 中国社会科学院，中央档案馆编．1958－1965中华人民共和国经济档案资料选编（工业卷）［M］．北京：中国财政经济出版社，2011：92.

③ 朱川、沈显惠．当代中国的辽宁（上）［M］．北京：当代中国出版社，1994：295、397.

到 1957 年，全省水泥、平板玻璃生产能力分别占全国同年产量的 36. 4% 和 45. 6% 。[①] 国防工业方面，建成了沈阳飞机制造厂、沈阳黎明机械厂，形成了以沈阳为中心的军用航空工业基地。

辽宁工业布局形成了以沈阳、鞍山为中心的中部工业地带和以大连为中心的丹东、营口、锦州首尾相连、比较集中的工业城市群体。1957 年，辽宁工业总产值排名全国第一，比 1952 年增长 159% ，重工业总产值在工业总产值中的比重也由 1952 年的 57. 8% 上升到 1957 年的 73. 4% ，辽宁工业总产值占全国的 1/7 之多，重工业产值占全国 1/5 以上，钢、生铁、钢材、硫酸、纯碱产量都占全国一半以上。[②]

黑龙江工业建设发展迅速，“五年中，共建成 2400 多个项目，其中限额以上的工程 122 个，属于苏联援建的 156 项中的 22 项重点工程已全部动工，有 10 项正式投入生产，五年中，共新建和改建了 315 个工业企业”。（陈雷等，1990）到 1957 年，黑龙江“工业总产值达到 39. 24 亿元，增长 107. 95% ，工业总产值在工农业总产值中所占比重，由 1952 年的 49. 18% 上升到 1957 年的 64. 76% 。重工业在工业总产值中所占比重，由 1952 年的 48. 49% 上升到 1957 年的 52. 8% 。全省社会总产值达到 73. 5 亿元，比 1952 年增长了 75. 8% ，国民收入总额达到 37. 77 亿元，比 1952 年增长 63. 9% ”。（陈雷等，1990）

吉林省的汽车、化工企业发展迅速，“1957 年 6 月 25 日，长春第一汽车制造厂提前 189 天完成了‘一五’计划期间 4000 辆解放牌汽车的生产任务，到 12 月 27 日，共生产汽车 8772 辆，超过原计划的 2 倍多”。（刘敬之等，1991）1957 年 10 月，吉林染料厂、吉林化肥厂、吉林电石厂提前完成建厂任务，吉林三大化工企业是新中国第一个化学工业基地，它的建成投产在国民经济建设中具有重要意义。1952 ~ 1957 年，吉林省工业总产值增长 112. 7% ，平均每年递增 16. 3% 。“一五”计划期间，吉林省试制成功的重要新产品有 600 多种[③]，吉林工业生产有较大发展，初步形成了以汽车、化工等为主的工业经济骨架。

与此同时，东北工业化的发展也有力地推动了其城市化的进程。以辽宁和吉林为例，新中国成立之初，辽宁共有各类城市 10 座，占东北地区城市总数的 40% ；市镇人口 442. 8 万人，占全省总人口的 24. 2% ，占东北地区市镇人口的 46. 7% 。城市人口占总人口比重，比全国高 13. 6%[④]。1952 年，沈阳、大连为大城市，抚顺、鞍山、锦州为中等城市，其余均为小城市。由于工业化进程的推动，不仅带动了原有城市的

---

① 朱川、沈显惠. 当代中国的辽宁（上）[M]. 北京：当代中国出版社，1994：294、295.

② 朱川、沈显惠. 当代中国的辽宁（上）[M]. 北京：当代中国出版社，1994：296、303.

③ 刘敬之，王忠禹. 当代中国的吉林（上）[M]. 北京：当代中国出版社，1991：116.

④ 朱川，沈显惠. 当代中国的辽宁（下）[M]. 北京：当代中国出版社，1994：404.

发展，更促进了新城市的形成，沈阳、大连发展成为特大城市，鞍山、抚顺、本溪发展成为大城市，阜新、锦州、丹东等发展成为中等城市，而这一批新的工业城市群体的形成也进一步推动着辽宁工业化的进程。新中国成立初期，吉林省城市规划是个空白，“一五”计划开始后，吉林省配合国家重点工程建设，规划和设计了长春、吉林两市，规划中注重了工业建设与城市建设相结合，统一部署城市中工业交通、住宅、基础设施和服务设施等各项建设相结合的方针。1954～1957年，长春、吉林、辽源、四平、通化、浑江、白城7市先后编制了城市总体规划，城市建设按照规划展开，初步形成了大、中、小相结合、布局较为合理，有利生产，方便生活的城市群体。

经过“一五”计划的建设，我国工业生产能力获得了极大的提高，其中，钢材品种已达4000种，钢材自给率已达86%，机械设备自给率达60%以上，工业在工农业总产值中的比重，由1952年的43.1%提高到56.7%，重工业在工业总产值中的比重也由1952年的35.5%提高到45%①。一批为国家工业化所必需而过去非常薄弱的基础工业在我国建立起来了，推动了新中国工业化进程，很多工业部门从无到有，从小到大，从弱到强实现了历史性的跨越，新中国独立自主的工业化体系也随之初步形成，对我国经济发展产生了深远影响。

参考文献

[1] 陈雷，侯捷. 当代中国的黑龙江（上、下）[M]. 北京：当代中国出版社，1990.

[2] 陈夕. 中国共产党与156项工程 [M]. 北京：中共党史出版社，2015.

[3] 刘敬之，王忠禹. 当代中国的吉林（上、下）[M]. 北京：当代中国出版社，1991.

[4] 中共中央文献研究室. 毛泽东年谱（1949－1976）[M]. 北京：中央文献出版社，2013.

[5] 中国社会科学院，中央档案馆. 1949－1952中华人民共和国经济档案资料选编（基本建设投资和建筑业卷）[M]. 北京：中国城市经济社会出版社，1989.

[6] 中国社会科学院，中央档案馆. 1958－1965中华人民共和国经济档案资料选编（工业卷）[M]. 北京：中国财政经济出版社，2011.

[7] 中央档案馆，中共中央研究室. 中共中央文件选集（1949.10－1966.5）[M]. 北京：人民出版社，2013.

① 谢明干，罗元明. 中国经济发展四十年 [M]. 北京：人民出版社，1990：10.

[8] 朱川，沈显惠. 当代中国的辽宁（上、下）[M]. 北京：当代中国出版社，1994.

Northeast Industrial Base and New China Industrialization

Wei Huang

Abstract: Northeast industrial base is the cradle of new China's industrial rise, and its large-scale construction began in the first five years plan period. Objectively speaking, the industrialization of new China originated from the 156 projects focusing on the northeast region. As 56 of the 156 projects were built in the northeast, it not only directly promoted the growth of the northeast as the cradle of the industrial rise of new China and the general formation of the northeast industrial base, but also laid a preliminary foundation for the industrialization of new China. Many important industrial sectors in China have achieved a historic leap from nothing to existence, from weak to strong, and laid the preliminary foundation for China's industrialization. The independent industrialization system of new China has also been initially formed, which has a profound impact on China's economic development.

Keywords: Northeast　New China　Industrialization

中国东北地区与俄罗斯东部地区经济合作研究*

李　艳**

摘　要： 中国与俄罗斯是当今世界具有举足轻重地位的两个大国，推动中国东北地区与俄罗斯东部地区经济合作是中俄两国经济合作的主要方向。中国东北地区与俄罗斯东部地区地理位置相邻，经济充分互补，实现战略对接、相互融合，既符合区域经济发展的客观规律，也符合两国的共同利益，同时可促进新时代中俄全面战略协作伙伴关系的巩固。本文以区域经济合作理论为基础，对中国东北地区与俄罗斯东部地区经济合作发展现状进行全面分析，提出中国东北地区与俄罗斯东部地区经济合作的基础和制约因素，并提出中国东北地区与俄罗斯东部地区开展经济合作的对策建议，以期为两国开展次区域经济合作提供理论借鉴和实践参考。

关键词： 中国东北地区　俄罗斯东部地区　经济合作　影响因素

一、问题的提出

经济全球化与区域经济一体化是世界经济发展的两大重要趋势，积极开展区域经济合作有利于维护本国政治安定、促进经济发展。第二次世界大战以来，经济全球化成为世界经济发展的主要趋势之一。2008 年金融危机蔓延到世界各个国家和地区，引发了世界性的经济危机，全球经济合作态势减弱，而区域经济一体化进程却在加速

* 基金项目：2020 年黑龙江省社科扶持共建项目《“一带一路”倡议下中国东北与俄罗斯东部地区经济合作研究》（20JYE270）。

** 李艳（1979～），黑龙江大学经济与工商管理学院教师，经济学博士；研究方向：国际经济合作。

推进，区域经济合作作为不同国家和地区之间开展经济联系的主要形式，成为区域经济一体化发展的重要方式。各国和地区充分认识到了区域经济合作的客观必要，采取各种各样的合作形式，通过区域经济合作实现本地利益最大化，从而推动经济实现稳步发展。中俄双方政治高度互信，地理位置相邻，经济充分互补，合作的规模和层次不断提升，进一步加强和深化区域经济合作已成为两个国家必要的战略选择。中国“一带一路”倡议与欧亚经济联盟的对接为中国东北地区和俄罗斯东部地区的经济互动带来了新的空间。中俄在毗邻地区的经济合作已经由单纯的优势互补向高水平战略互动阶段转变，这一战略互动的顺利转化迫切需要探索出新的合作路径来推动。

中国改革开放以来，经济快速发展，取得的成就举世瞩目，但是存在区域经济发展不平衡的问题。中国东北地区包括黑龙江、吉林、辽宁三省以及内蒙古东部地区，在全国经济体系中占有十分重要的战略地位，历史上该地区自然资源非常丰富，但是由于人口的增加，经济的快速发展以及经济体制等问题，东北地区原有的资源优势发生了改变，出现了自然资源枯竭、市场化程度低、产业结构失衡等现象，进一步发展面临很多难题。俄罗斯区域经济发展也存在着严重的不平衡，东部地区和西部地区的经济发展水平以及社会发展水平存在较大差异，俄罗斯东部地区包括西伯利亚联邦管区和远东联邦管区，地域辽阔，占俄罗斯国土面积的2/3以上。该地区的资源非常丰富，但是一直未得到充分的开发，经济发展过程中面临资金短缺、劳动力不足、产业结构不合理、科技成果转化率低等问题，迫切需要得以解决。

中国东北地区和俄罗斯东部地区相邻，两国都高度重视在该区域的合作。2002年，我国提出振兴东北老工业基地，支持加快调整和改造东北地区等老工业基地，推动资源型城市和地区发展接续产业。2003年，我国政府出台《关于实施东北地区等老工业基地振兴战略的若干意见》，提出促进东北地区产业结构升级，推进资源型城市转型等目标和任务，强调要促进扩大对内和对外开放，充分利用中国东北地区与俄罗斯、日本以及韩国等邻近地区的区位优势，发挥东北地区现有港口的条件和优势，加强与周边国家的合作。随后又陆续颁布了多项加快改革与开放、促进东北地区振兴的区域发展优惠政策。2004年和2005年，中俄两国总理定期会晤，强调支持中国企业参与俄罗斯西伯利亚和远东地区的开发。东北老工业基地振兴战略的提出，为中俄两国在东北地区和远东及西伯利亚地区经济合作的开展创造了新的空间。2007年，中国《东北地区振兴规划》公布，将内蒙古东部地区纳入规划范围，蒙东地区北部与俄罗斯的赤塔州接壤，与东北三省共同成为中国东北地区对外开放的桥头堡。2007年，在我国东北老工业基地振兴的背景下，俄罗斯政府提出了“东部大开发战略”，对俄罗斯西伯利亚和远东地区进行深度开发建设。2009年，中俄两国出台《中国东北地区同俄罗斯远东及东西伯利亚地区合作规划纲要（2009－2018）》，标志着中俄两国区域性合作进入了一个全新的实质性操作阶段。2010年，俄罗斯正式批准《2025年前远东和贝加尔地区经济社会发展战略》，高度重视远东地区及贝加尔地区的发展，将该地区的发展列为国家长期发展战略中，旨在充分利用远东地区和贝加尔地区的地缘优势、资源优势，与东北亚国家开展国际合作，明确表示中国东北地区与俄罗斯东部地区拥有广阔而坚实的合作基础，把中国东北地区作为最关键的优先合作方向。2015年5月，中俄两国领导人在莫斯科签署了《中俄联邦关于丝绸之路经济带建设和欧亚经济联盟建设对接合作的联合声明》，表示两国将一同推进“丝绸之路经济带”建设同“欧亚经济联盟”建设的对接，“一带一路”建设和“欧亚经济联盟”的对接，为中国东北与俄罗斯东部地区的经济合作提供了全新的合作平台。2018年《中俄在俄罗斯远东地区合作发展规划（2018－2024年）》正式获批，这是2009年《纲要》到期后又一个专门针对中俄地区合作的指导性文件，对中俄在东北地区和远东地区的具体合作项目和内容进一步明确规定，在政策和法律上提供了相应的保障，这对中国东北地区与俄罗斯东部地区的合作具有具体的指导意义。

中国东北地区与俄罗斯东部地区在地缘优势、经济互补优势、政治互信优势的良好基础下广泛开展区域经济合作，可以有效改善两个地区的经济状况，提高经济和社会发展水平，提升两地居民的生活水平，最终带动两国整体经济的可持续稳定发展。

二、区域经济合作基本理论

中国东北地区与俄罗斯东部地区的经济合作是属于一种次区域经济合作，是在中俄区域内具有互补优势的相近地区开展的经济合作，是一种以互利共赢为目的、以对话协商为原则、以东北振兴和俄罗斯东部大开发战略为动力、以优惠政策为制度导向、以市场为基础、以贸易和投资为主线的经济合作形式。

通常所说的行政区划上的东北地区，包括位于我国东北部的黑龙江、吉林和辽宁三个省份。但是根据《东北地区振兴规划》的内容，东北地区的规划范围不仅包括黑龙江省、吉林省和辽宁省，还涵盖了内蒙古自治区的呼伦贝尔市、兴安盟、通辽、赤峰以及锡林郭勒盟（蒙东地区），土地总面积达145万平方公里，总人口达1.2亿人。

俄罗斯划分为八大联邦管区：中央联邦管区、西北联邦管区、南部联邦管区、北高加索联邦管区、伏尔加沿岸联邦管区、乌拉尔联邦管区、西伯利亚联邦管区和远东联邦管区。2009年，中俄关于《中国东北地区同俄罗斯远东及东西伯利亚地区合作规划纲要（2009－2018）》出台，针对的是中国东北与俄罗斯远东及东西伯利亚地区之间的合作；2010年，俄罗斯时任总理普京正式批准的《2025年前远东和贝加尔地区经济社会发展战略》，针对的是远东和贝加尔地区的发展及其与中国东北的合作；2018年正式获批的《中俄在俄罗斯远东地区合作发展规划（2018－2024年）》则强调的是中国与俄罗斯在远东地区的合作。本文所指的俄罗斯东部地区包括西伯利亚和远东两个联邦管区，面积达1135.29万平方公里。西伯利亚和远东两个联邦管区共覆盖21个联邦主体，在2018年11月，俄罗斯为方便管理将原属西伯利亚联邦管区的外贝加尔边疆区和布里亚特共和国纳入远东联邦管区。

目前，关于次区域经济合作还缺乏系统的理论基础，区域经济合作的基本理论在一定程度上可以解释次区域经济合作的问题，如图1所示。

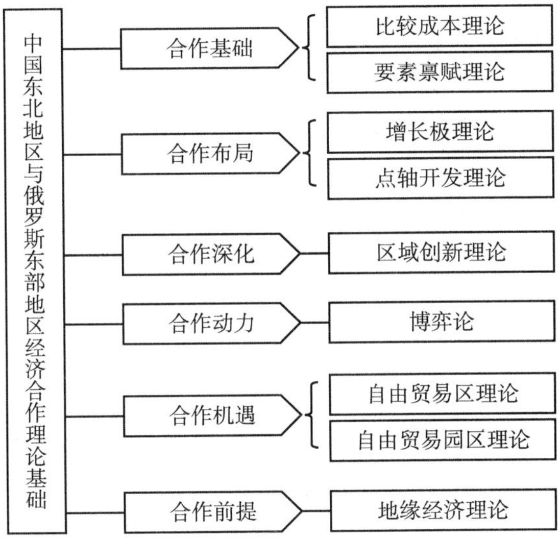

图1　中国东北地区与俄罗斯东部地区经济合作的理论基础

（一）区域经济合作的基础：比较优势理论和要素禀赋理论

一国或地区拥有的要素禀赋方面的比较优势，是开展区域经济合作的基础。区域分工理论里的比较优势理论和要素禀赋理论指出，一国或地区在本国充裕要素密集型的产品生产上具有比较优势，在区域经济合作中，应该充分发挥本国或地区的比较优势，专门生产本国或地区充裕要素密集型的产品并出口而进口本国或地区稀缺要素密集型产品。中国东北与俄罗斯东部地区具有开展经济合作的互补性优势，本文基于比较优势理论和要素禀赋理论的思想精髓，梳理两地区的互补性优势，进而提出提升两地经济合作水平的建议。

（二）区域经济合作的布局：增长极理论和点轴开发理论

增长极理论与点轴开发理论是从空间布局的角度阐述区域经济合作的方式。增长极理论认为一国或区域不可能实现全面同步的发展，可以选择具有比较优势或者绝对优势的区域或产业优先发展，进而带动整体的均衡发展。点轴理论是增长极理论的发展，该理论的"点"指的是被视为具有增长极优势的城市，"轴"是连接各个点的运输便利、具有发展潜力的经济带，"以点带线，点轴贯通"是该理论的重要思想。本文基于这两个理论提出将两地区的能源、基础设施建设、农业、科技、金融等产业作为优先发展的方向，带动其他产业的发展，借助自由贸易试验区的建设将黑龙江和辽宁自由贸易试验区所包含的六大片区，打造为经济增长极，然后带动其他城市的发展。发挥缔结的友好省份之间的关联作用，带动其他城市的发展。

（三）区域经济合作的深化：区域创新理论

创新是区域经济发展深化的重要表现，是经济实现稳定增长的重要推动力。通过制度创新拓展经济合作的深度，依赖科技创新改善产业合作的层次，基于合作方式创新，拓宽经济合作的领域。中国东北地区与俄罗斯东部地区的经济合作需要创新，本文基于区域创新理论分析两地区经济合作的制度创新、科技创新以及合作方式的创新。

（四）区域经济合作的动力：博弈论

博弈论中的合作博弈阐述了两国或地区开展经济合作的必然性。实践中，竞争是一切经济关系的基础，合作的存在是相对的，非合作博弈在实践中更为广泛，博弈论可以广泛地应用于经济领域。在国际经济合作中，自由是相对的，保护是绝对的，为了维护本国经济的安全与发展，一国或多或少都采取了保护的经济政策。如果两国在制定经济政策时，各自为政、互不合作，就会出现以邻为壑的经济战，相互报复，最终进入恶性循环，所以都应该采取合作博弈，避免经济政策的低效率或无效率。基于合作博弈，本文指出中国东北地区与俄罗斯东部地区应该积极发展战略协作伙伴关系，通过对话协商构建制度安排，促进经济合作水平的提升。

（五）区域经济合作的机遇：自由贸易区理论与自由贸易园区理论

自由贸易区理论强调的是两个国家或地区之间的合作，而自由贸易园区理论强调的是在一国或地区内划定一定的区域作为特殊发展的区域。这两个理论为中国东北地区和俄罗斯东部地区开展特殊经济区域的建设、构建次区域自由贸易区提供了理论依据。本文基于这两个理论探讨通过东北地区自由贸易片区的建设和俄罗斯东部“一区一港”的建设，努力打造两国次区域自由贸易区。

(六) 区域经济合作的前提：地缘经济理论

中国东北地区与俄罗斯东部地区的经济合作属于次区域经济合作，次区域经济合作的出发点在于两地区在地理位置上的邻近。地缘经济理论强调地理因素是开展区域经济合作的前提，合作双方应该将边界的屏蔽效应转化为中介效应，由地缘政治向地缘经济转化。本文研究的中国东北地区与俄罗斯东部地区的经济合作首先是基于地缘关系而产生的，在地缘经济理论的指导下，两地区以经济手段代替政治手段，以合作共赢代替冲突竞争，最终实现双赢的健康新秩序。

三、中国东北地区与俄罗斯东部地区经济合作的现状分析

(一) 贸易合作

国际贸易是国家间也包括地区间经济联系的基本纽带，由于中国东北地区与俄罗斯东部地区的经济合作完整数据十分有限，为了分析的方便起见，本文下面采用的部分数据反映的是中国东北地区同俄罗斯整体的合作状况，以及俄东部地区与中国整体的合作情况。中俄两国的经济活动主要发生在中国东北地区与俄罗斯东部地区，所以采用这种分析能够大体描绘出中国东北地区与俄罗斯东部地区经济合作总体态势。

1. 黑龙江省对俄贸易

黑龙江省是我国与俄罗斯接壤最多的省份，与俄罗斯 5 个州区接壤，边境线长近 3000 公里，有国家一类口岸 25 个，边境口岸 15 个[①]，是中国对俄罗斯开展经贸合作的桥头堡，也是中国东北振兴战略和俄罗斯东部大开发战略相对接的重要联系纽带。在黑龙江省的对外开放中，对俄经贸具有重要作用。

1982 年，经国务院批准，黑龙江省恢复同远东地区的边境贸易，以易货贸易为主。1988 年，《关于黑龙江省对苏联边境易货贸易和经济技术合作问题的批复》下发，支持对苏联经贸合作，黑龙江省对苏联贸易快速发展。1990 年，我国政府批准举办中国哈尔滨国际经济贸易洽谈会（简称“哈洽会”），为中俄贸易和投资搭建了非常重要的合作平台。根据《黑龙江统计年鉴（1998）》统计，1992 年，黑龙江省与俄贸易额达 15.85 亿美元，占黑龙江省对外贸易总额 28.81 亿美元的 55.02%，同年中

① 路宝会. 黑龙江商务年鉴［M］. 哈尔滨：黑龙江人民出版社，2019.

俄双方贸易额为58.62亿美元，黑龙江省对俄贸易额占全国对俄贸易总额的27%。进入21世纪以来，中俄两国战略协作伙伴关系加强，黑龙江省对俄贸易保持增长态势。2003年《关于实施东北地区等老工业基地振兴战略的若干意见》明确提出：发挥黑河、绥芬河等边境口岸作用，扩大与俄罗斯等国的经贸合作，在海外建立能源原材料基地。全省对俄贸易进一步发展，如表1所示，2007年黑龙江省对俄贸易额突破100亿美元大关，达107.3亿美元，2008年黑龙江省对俄贸易额110.6亿美元，连续两年突破百亿美元大关。2009年，受到世界经济危机的影响，黑龙江省对俄贸易额有所回落，2009年黑龙江省对俄贸易额仅为55.8亿美元，下降幅度较大，但俄罗斯始终是黑龙江省第一大贸易伙伴，黑龙江省对俄进出口总额占黑龙江省外贸总额的34.40%。2011年，黑龙江省对俄贸易额创历史新高，对俄贸易额达189.9亿美元。

表1　2000～2018年黑龙江省对俄罗斯进出口贸易规模　单位：亿美元

年份	黑龙江省对俄进出口总额	黑龙江省对俄出口额	黑龙江省自俄进口额	黑龙江省对外贸易总额	黑龙江省出口总额	黑龙江省进口总额	黑龙江省对俄贸易占黑龙江省贸易总额比重（%）
2000	13.8	4.7	9.1	29.9	14.6	15.3	46.15
2001	18.0	7.8	10.2	33.9	16.1	17.7	53.10
2002	23.3	9.7	13.6	43.5	19.9	23.6	53.56
2003	29.6	16.4	13.2	53.3	28.7	24.6	55.53
2004	38.2	21.5	16.7	67.9	36.8	31.1	56.26
2005	56.8	38.4	18.4	95.7	60.7	35.0	59.35
2006	66.9	45.4	21.5	128.6	84.4	44.2	52.02
2007	107.3	81.7	25.6	173.0	122.7	50.3	62.02
2008	110.6	79.7	30.9	229.0	165.8	63.2	48.30
2009	55.8	32.7	23.1	162.2	100.8	61.1	34.40
2010	74.7	42.9	31.9	255.0	162.8	92.2	29.29
2011	189.9	43.5	146.4	385.1	176.7	208.4	49.31
2012	211.3	51.6	161.5	378.2	144.4	233.9	55.87
2013	223.7	69.1	154.6	388.8	162.3	226.5	57.54
2014	232.8	90.0	142.8	389.0	173.4	215.6	59.85
2015	108.5	23.5	84.9	210.1	80.3	129.6	51.64
2016	91.9	17.0	74.9	165.4	50.4	114.9	55.56

续表

年份	黑龙江省对俄进出口总额	黑龙江省对俄出口额	黑龙江省自俄进口额	黑龙江省对外贸易总额	黑龙江省出口总额	黑龙江省进口总额	黑龙江省对俄贸易占黑龙江省贸易总额比重（%）
2017	109.9	16.1	93.8	189.5	52.6	136.8	57.99
2018	184.5	11.3	173.2	264.1	44.4	219.7	69.84

资料来源：根据历年《黑龙江统计年鉴》《黑龙江商务年鉴》整理计算。

随后黑龙江省抓住“一带一路”倡议机遇，推动中蒙俄经济走廊建设，全力打造中国向北开放的重要前沿。从贸易结构方面来看，黑龙江省与俄罗斯的贸易具有互补性，1990 年前，黑龙江省向俄罗斯出口的主要是生活消费品，包括粮食、肉类、蔬菜、纺织品和服装等，进口的主要是钢材、木材、车辆、玻璃、化学、水产品等。2017 年，黑龙江省对俄出口的主要是服装及衣着附件类、鞋类、蔬菜、玩具等消费品，而自俄进口的是原油、原木、煤炭、铁矿砂等资源型产品。

2. 吉林省对俄贸易

吉林省地处中国、俄罗斯和朝鲜三国边境交汇处，与俄罗斯滨海边疆区的哈桑区接壤，边境线长度约为 246 公里。珲春口岸是国家一类口岸，与市区有大约 15 千米距离，对面是俄远东地区的克拉斯基诺口岸，距离符拉迪沃斯托克大约 170 千米。珲春口岸从 1988 年开始设立，目前建有铁路和公路口岸，通过口岸边境贸易，极大地促进了当地社会经济的发展①。

长春市具有开展边境贸易和毗邻地区经济合作的先天优势，俄罗斯是吉林省重要的贸易伙伴，两地的贸易合作稳步增长，但是贸易规模总体偏小。如表 2 所示，2000 年吉林省与俄罗斯贸易总额仅为 0.65 亿美元，2005 年突破 1 亿美元大关，达到 1.79 亿美元，2006 年取得重大进展，双方贸易额达到 4.4 亿美元，2007 年达 8.02 亿美元，增长幅度较大，同比增长 82.27%，但是多年来，始终未超过 10 亿美元大关。从贸易结构方面来看，2017 年主要对俄出口的商品是服装及衣着附件、胶合板及类似多层板和鲜、干水果、坚果、医药品等，从俄罗斯进口的商品主要是汽车零配件和汽车、通断保护电路装置及零件、铜矿砂及其精矿、电视和收音机及无线电信装置的零部件、粮食等，贸易结构具有互补性。

① 地理沙龙号．我国与俄罗斯之间的主要边境口岸，除了“绥芬河”之外还有三座［EB/OL］．［2020－04－15］，http：//baijiahao. baidu. com/s？id＝1663953061079932991.

表 2　　2000～2018 年吉林省对俄罗斯进出口贸易规模　　单位：亿美元

年份	吉林省对俄进出口总额	吉林省对俄出口额	吉林省自俄进口额	吉林省对外贸易总额	吉林省出口总额	吉林省进口总额	吉林省对俄贸易占吉林省贸易总额比重（%）
2000	0. 65	0. 09	0. 56	25. 5	12. 4	13. 1	2. 55
2001	0. 68	0. 09	0. 59	31. 3	14. 6	16. 7	2. 17
2002	0. 57	0. 13	0. 55	37. 1	17. 7	19. 4	1. 54
2003	0. 57	0. 20	0. 38	61. 7	21. 6	40. 1	0. 92
2004	0. 84	0. 30	0. 27	67. 9	17. 2	50. 8	1. 24
2005	1. 79	0. 37	1. 43	65. 3	24. 7	40. 6	2. 74
2006	4. 40	3. 78	0. 61	79. 1	30. 0	49. 2	5. 56
2007	8. 02	7. 24	0. 78	103. 0	38. 6	64. 4	7. 79
2008	7. 56	6. 75	0. 83	133. 4	47. 7	85. 7	5. 67
2009	4. 74	3. 83	0. 91	117. 5	31. 3	86. 2	4. 03
2010	6. 24	5. 40	0. 84	168. 5	44. 8	123. 7	3. 70
2011	7. 06	0. 66	6. 40	220. 5	50. 0	170. 5	3. 20
2012	8. 22	1. 44	6. 78	245. 7	59. 8	185. 9	3. 35
2013	7. 00	0. 93	6. 07	258. 5	67. 6	191. 0	2. 71
2014	5. 77	1. 30	4. 48	263. 8	57. 8	206. 0	2. 19
2015	5. 21	2. 51	2. 70	189. 4	46. 5	142. 8	2. 75
2016	4. 35	2. 78	1. 57	184. 4	42. 1	142. 4	2. 36
2017	5. 64	3. 95	1. 69	185. 3	44. 3	141. 0	3. 04
2018	9. 43	1. 92	7. 51	205. 9	49. 2	156. 7	4. 58

资料来源：根据历年《吉林统计年鉴》整理计算。

3. 辽宁省对俄贸易

辽宁省地理位置优越，位于东北亚经济区的中心位置。虽然不与俄罗斯接壤，但也是对俄经济合作的重要基地。东北地区的 6 个海港和港口城市都集中在辽宁省，成为连接“海上丝绸之路”和“陆上丝绸之路”的重要节点，成为“一带一路”建设北向开放的窗口的重要枢纽和重要工业基地。辽宁省工业门类较为齐全，被称为是“新中国工业的摇篮”，与俄罗斯也积极开展了多方面的合作。

2000 年以来，辽宁对俄贸易呈现出快速增长的趋势，如表 3 所示。2000 年，辽宁对俄贸易总额为 2. 37 亿美元，2008 年增长到 16. 02 亿美元，2009 年受金融危机的影响，贸易额小幅下降，变为 11. 60 亿美元，2018 年上升至 41. 09 亿美元。

表 3　　2000～2018 年辽宁省对俄罗斯进出口贸易规模　　单位：亿美元

年份	辽宁省对俄进出口总额	辽宁省对俄出口额	辽宁省自俄进口额	辽宁省对外贸易总额	辽宁省出口总额	辽宁省进口总额	辽宁省对俄贸易占辽宁省贸易总额比重（%）
2000	2.37	0.85	1.52	190.2	108.5	81.7	1.25
2001	2.62	1.02	1.60	199.1	111.1	88.0	1.32
2002	3.29	1.29	2.00	217.4	123.7	93.7	1.51
2003	3.73	1.65	2.08	265.6	146.3	119.3	1.40
2004	5.32	2.14	3.18	344.4	189.2	155.2	1.54
2005	8.05	3.39	4.66	410.1	234.4	175.7	1.96
2006	10.07	5.45	4.62	483.9	283.2	200.7	2.08
2007	13.50	7.98	5.52	594.7	353.3	241.5	2.27
2008	16.02	6.74	9.28	724.4	420.5	303.8	2.21
2009	11.60	6.20	5.40	629.2	334.4	294.8	1.84
2010	16.015	7.49	8.52	806.7	431.2	375.5	1.99
2011	21.68	10.16	11.51	959.6	510.4	449.2	2.26
2012	24.55	10.98	13.56	1039.9	579.5	460.4	2.36
2013	24.19	11.36	12.83	1142.8	645.4	497.4	2.12
2014	24.31	11.79	12.52	1139.6	587.6	552.0	2.13
2015	30.19	9.32	20.86	960.8	508.4	452.4	3.14
2016	32.54	7.96	24.58	865.2	430.7	434.6	3.76
2017	41.21	9.24	31.97	994.2	448.8	545.5	4.15
2018	41.09	10.99	30.10	1144.3	488.0	656.3	3.59

资料来源：根据历年《辽宁统计年鉴》整理计算。

辽宁省对俄贸易具有巨大的发展潜力。从 2018 年辽宁省对俄罗斯的贸易数据来看，辽宁省对俄罗斯的进出口总额为 41.09 亿美元，同年，辽宁省对外贸易总额达 1144.3 亿美元，辽宁省与俄罗斯的贸易额占辽宁省全部贸易额的比重仅为 3.6%。根据《辽宁省统计年鉴》（2019）统计，2018 年辽宁省的贸易伙伴中，日本为第一大贸易伙伴，二者之间的贸易额为 163.46 亿美元，占辽宁对外贸易总额比重为 14.28%，与美国贸易额为 112.28 亿美元，韩国是辽宁省第三大贸易伙伴，贸易额也达 96.92 亿美元，俄罗斯排在第七位，辽宁省与俄罗斯的贸易还有巨大的提升空间。不仅如此，在能源合作方面，东北的主要石油炼厂集中在辽宁，将能源优势转化为工业优势。

在贸易结构方面，从总体上看，辽宁省对俄罗斯出口产品主要是农产品、机械、纺织、服装等，自俄罗斯进口的商品主要是矿产品和原油。辽宁省是我国重工业大省，装备制造品、汽车及其他高科技产品生产具有相对优势，对俄合作优势有待进一步开发。目前，辽宁省正积极开展对俄科技合作并取得了一定的进步。

4. 内蒙古对俄贸易

内蒙古与俄罗斯后贝加尔边疆区接壤，拥有长达1051公里的边境线，1983年开始恢复边境易货贸易。改革开放以来，外贸保持较快发展，对外贸易规模不断扩大。如表4所示，2000年，内蒙古对俄贸易额为7.47亿美元，2007年上升到29.85亿美元，2018年内蒙古最大贸易伙伴国是蒙古国，贸易额达49.65亿美元，俄罗斯是内蒙古第二大贸易伙伴，双边贸易额达29.98亿美元。据海关统计，2019年内蒙古与俄罗斯双边贸易额184.9亿元人民币，同比下降6.4%，但俄罗斯仍为内蒙古第二大贸易伙伴。内蒙古在“中蒙俄经济走廊”建设方面发挥着重要作用。

表4　　2000~2018年内蒙古对俄罗斯进出口贸易规模　　单位：亿美元

年份	内蒙古对俄进出口总额	内蒙古对俄出口额	内蒙古自俄进口额	内蒙古对外贸易总额	内蒙古出口额	内蒙古进口额	内蒙古对俄贸易占内蒙古贸易总额比重（%）
2000	7.47	1.43	6.04	20.36	10.22	10.14	36.69
2001	10.50	2.15	8.35	25.48	11.41	14.08	41.21
2002	11.59	1.44	10.15	30.05	13.71	16.34	38.57
2003	12.48	1.12	11.36	31.14	14.41	16.73	40.08
2004	15.96	0.76	15.2	40.49	16.82	23.67	39.42
2005	17.58	0.66	16.92	51.62	20.65	30.97	34.06
2006	22.93	0.88	22.05	59.47	21.41	38.06	38.56
2007	29.85	2.08	27.77	77.45	29.47	47.97	38.54
2008	21.60	2.78	18.82	89.33	35.80	53.54	24.18
2009	23.96	1.95	22.01	67.64	23.16	44.48	35.42
2010	25.49	1.85	23.64	87.19	33.35	53.84	29.24
2011	28.93	2.16	26.77	119.39	46.87	72.52	24.23

续表

年份	内蒙古对俄进出口总额	内蒙古对俄出口额	内蒙古自俄进口额	内蒙古对外贸易总额	内蒙古出口额	内蒙古进口额	内蒙古对俄贸易占内蒙古贸易总额比重（%）
2012	27.24	2.79	24.45	112.57	39.70	72.86	24.20
2013	26.26	2.75	23.51	119.92	40.39	79.00	21.90
2014	30.54	6.47	24.04	145.54	63.95	81.59	20.98
2015	26.27	6.06	20.21	127.84	56.73	71.10	20.54
2016	27.73	6.28	21.45	117.01	44.71	72.30	23.70
2017	30.44	5.09	25.34	138.74	48.78	89.96	21.94
2018	29.98	4.06	25.92	156.91	57.47	99.44	19.11

资料来源：根据历年《内蒙古自治区统计年鉴》整理计算。

从进出口商品结构来看，长期以来，内蒙古与黑龙江省对俄出口商品的结构大体相同，内蒙古自治区出口产品中粮油、土畜、皮毛等初级产品所占比例不断下降，深加工的农副产品、服装、鞋帽、纺织品、五金交电、机械设备、运输工具和高新技术产品等比重不断提升；主要的进口产品有原油和成品油、原木、锯材、纸浆、煤炭、合成橡胶、钢材、化肥、化工原料、原木、金属矿砂等国家经济建设急需产品（丁晓龙，2018）。

如表1～表4所示，2000～2018年中国东北地区中黑龙江省对外贸易中对俄贸易所占比重最高，除个别年份的波动外，黑龙江省对俄贸易占黑龙江省贸易的比重能达到50%以上，其中2007年该比重达到62.02%，这与黑龙江省特有的对俄地缘优势相关。其次，内蒙古对俄贸易占内蒙古对外贸易的比重也比较大，2001年和2003年该比重超过了40%，但是内蒙古对俄贸易占内蒙古对外贸易额的比重在2009年以后，呈现出下降趋势，到了2018年，这一比重仅为19.11%，可能是内蒙古对蒙古国的经济往来以及蒙古国对俄罗斯经济往来不断加深，弱化了内蒙古对俄地缘优势的体现。在东北地区中，吉林与辽宁对外贸易中，对俄贸易比重较小，虽然这两省对俄贸易规模有所提升，但是比重最高的年份吉林尚未超过8%，辽宁未超过5%。可见吉林、辽宁两省对俄贸易潜力巨大，应积极拓展合作领域，提高合作的层次与水平。

5. 俄罗斯东部地区与中国贸易

近年来，得益于中俄经济合作关系的发展，俄罗斯东部地区与中国东北地区的经济往来不断加深，如表5所示。

表 5　　2011～2019 年俄罗斯东部地区与中国进出口贸易规模　　单位：亿美元

年份	东部地区对中国进出口总额	东部地区对中国出口总额	东部地区对中国进口总额	东部地区进出口贸易总额	东部地区出口贸易总额	东部地区进口贸易总额	东部地区对中国贸易占东部地区贸易总额比重（%）
2011	156.72	89.57	67.17	765.61	583.32	182.22	20.47
2012	181.58	109.21	73.87	825.22	614.73	210.49	22.00
2013	199.9	115.9	83.99	858.44	643.94	214.49	23.29
2014	178.36	108.07	70.29	825.41	638.29	187.02	21.61
2015	131.69	86.32	45.37	631.96	508.27	123.69	20.84
2016	122.36	81.72	40.64	562.71	445.96	116.74	21.74
2017	164.62	114.03	50.6	691.74	554.49	137.26	23.80
2018	205.43	144.69	60.74	828.5	669.41	159.09	24.80
2019	173.51	111.31	62.21	831.11	650.78	180.33	20.88

资料来源：根据历年《俄罗斯地区统计年鉴》整理计算。

1992 年，中俄两国发表《关于中俄相互关系基础的联合声明》，建立起睦邻友好和互利合作关系，双方在该项声明中特别提到要在平等互利原则基础上保持和发展双边贸易领域合作，为国家间的贸易联系，包括边境地区在内的地区间贸易联系创造有利条件，有力的政策支持为双方开展经济合作提供了良好的政治环境。

根据俄罗斯西伯利亚联邦区海关总署网站、远东联邦区海关总署网站公布的资料显示，2011 年俄罗斯东部地区与中国的贸易额为 156.72 亿美元，占东部地区贸易总额的 20.47%，其中对中国出口 89.57 亿美元，自中国进口 67.15 亿美元。之后双方的贸易额稳步上升，到 2015 和 2016 年有所回落。分析其原因：一方面是俄罗斯东部地区向中国出口的绝大多数是原材料，由于国际石油、天然气价格的持续下降，东部地区出口遇到困境，对中国原料和能源项目出口量不断下降；另一方面，由于卢布贬值，使俄消费者购买中国产品的能力不断降低，导致俄罗斯东部地区与中国的进出口数额都出现了下滑趋势。2015 年和 2016 年两年间，双方贸易额回落至 31.69 亿美元和 122.36 亿美元，但是中国与俄罗斯东部地区的贸易占俄罗斯东部地区贸易总额的比重始终保持在 20% 以上，中国一直以来始终是俄罗斯东部地区最大的贸易伙伴。2018 年双方贸易额开始回升，为 205.43 亿美元，占其对外贸易总额的 24.80%。

再看东部地区与中国贸易结构，俄罗斯西伯利亚地区对中国的对外贸易与远东对中国对外贸易有很大的相似性。中国自俄罗斯东部地区进口的产品主要有矿产品、农业原料、木材、纸浆造纸产品等，绝大多数都是原材料，东部地区对原料产品出口的依赖过大，极易受进口国石油产品需求和世界资源市场价格的影响，导致对外贸易乃至整个经济体系都非常脆弱；东部地区自中国进口的商品主要是汽车、设备和交通工具，化工产品和橡胶制品，食品和农业原料，金属及其制品，纺织品和鞋类，对比看出，东部地区从中国进口的商品主要是一些附加值相对较高的消费品（朱蓓蓓，2019）。

（二）投资合作

俄罗斯东部地区属于俄罗斯的落后地区，资金短缺问题严重，其对外投资的数量有限，中国与俄罗斯东部地区的投资合作，主要集中在中国对俄罗斯东部地区的投资。

1. 投资规模

俄罗斯东部地区地域辽阔，自然资源丰富，科技力量较为雄厚，但是受自然条件的限制，生产水平、加工能力较弱，丰富的矿产品大部分作为一种低附加值产品向国外出口。虽然与中国东北地区毗邻，有着漫长的边境线和海岸线，但是双方基础设施建设还处于初级阶段，缺少统一的公路网，人口密度低，人口老龄化现象严重，多数地区生活水平低于俄罗斯整体平均水平。俄罗斯东部地区的投资潜力尚未充分发掘，依靠俄罗斯联邦本身的资金进行建设难度很大，因此吸引投资被俄罗斯视为东部地区发展的重要选择（朱蓓蓓，2019）。

在中国东北老工业基地振兴战略的推动下，东北地区非金融类对外投资流量从2011年开始稳步上升，如表6所示，2011年东北地区非金融类对外投资额仅为17.15亿美元，到了2016年上涨为50.03亿美元，2017年开始滑落。东北地区对外非金融类直接投资的存量从2011年开始，除了2017年以外，一直是上升趋势。但是从比重上看，中国东北地区对外投资的流量和存量占中国整体对外直接投资流量和存量的比重较小，远远落后于东部地区，也落后于中、西部地区，2019年东部地区对外投资流量占中国对外投资流量近80%，而中、西部地区对外投资流量也分别占到中国对外直接投资流量的10.2%和8.7%左右。

表6　2011～2019年东北地区对外非金融类直接投资情况　单位：亿美元

年份	东北地区存量	中国整体存量	东北地区占比（%）	东北地区流量	中国整体流量	东北地区占比（%）
2011	77.65	3573.87	2.17	17.15	685.84	2.50
2012	121.59	4354.87	2.79	43.02	777.33	5.53
2013	148.99	5434.00	2.74	32.3	927.4	3.48

续表

年份	东北地区存量	中国整体存量	东北地区占比（%）	东北地区流量	中国整体流量	东北地区占比（%）
2014	181.01	7450.18	2.43	35.77	1072.02	3.34
2015	217.99	9382.04	2.32	36.09	1214.22	2.97
2016	273.10	11800.48	2.31	50.03	1812.31	2.76
2017	267.15	16062.43	1.66	24.61	1395.03	1.76
2018	278.43	17643.70	1.58	31.22	1213.2	2.57
2019	280.59	19443.46	1.44	17.28	1169.58	1.48

资料来源：根据《2019 年度中国对外直接投资统计公报》整理。

2. 投资结构

从投资结构来看，如表 7 所示，中国对俄罗斯联邦直接投资主要集中在采矿业上，截至 2019 年底，中国对俄采矿业直接投资达 543456 万美元，占比 42.4%，其次是农、林、牧、渔业，占比 22.1%，中国对俄罗斯投资第三位的行业是制造业。这符合俄罗斯矿产资源丰富、耕地面积广阔、森林资源、渔业资源丰富的要素禀赋结构，也符合俄罗斯经济发展的战略方向。为了促进投资有效开展，两国政府于 2009 年批准《中俄投资合作规划纲要》，指出在重点领域加强投资合作，其中对俄优先投资领域覆盖范围主要有能源领域，包括石油开采、天然气地质勘探、建设天然气液化厂、生产石化深加工产品等；机械制造业、运输物流领域、农业和林业领域、信息技术和电信工程领域以及银行与保险等。

表 7　2019 年中国对俄罗斯联邦直接投资的主要行业　单位：万美元

行业	流量	存量	
	金额	金额	比重（%）
采矿业	-113224	543456	42.4
农/林/牧/渔业	25839	283171	22.1
制造业	10553	162083	12.7
租赁和商务服务业	1183	87156	6.8
金融业	12320	58579	4.6
批发和零售业	2941	36743	2.9
科学研究和技术服务业	19554	35894	2.8

续表

行业	流量	存量	
	金额	金额	比重（%）
房地产业	-6700	31268	2.5
建筑业	5009	23402	1.8
信息传输/软件和信息技术服务业	2709	8203	0.6
交通运输/仓储和邮政业	143	6785	0.5
电力/热力/燃气及水的生产和供应业	1708	2248	0.2
其他行业	42	1409	0.1
合计	-37923	1280397	100.0

资料来源：根据《2019 年度中国对外直接投资统计公报》整理。

在对俄罗斯投资合作方面，黑龙江省对俄投资最为活跃。2016～2019 年，黑龙江省对俄罗斯的直接投资额在全国领先，其中 2018 年对俄直接投资额占全国对俄直接投资额度的比重高达 34.6%。截至 2019 年底，黑龙江省现存备案对俄投资企业 393 家，累计备案投资 70.5 亿美元，实际对俄投资 23.4 亿美元①。

吉林省同远东地区的滨海边疆区相毗邻，是“一带一路”框架下向北开放的前沿。吉林省与俄多个地区互结友好城市，积极推进“滨海 2 号”线建设、扎鲁比诺港升级改造建设以及陆海联运航线建设等，其中珲春—扎鲁比诺港—宁波舟山港跨境内贸外运航线 2019 年顺利通航。

“莫斯科别雷拉斯特物流中心项目”可以说是辽宁省深度融入“一带一路”建设的旗舰项目，是中俄两国第一个以设施联通带动贸易畅通的物流基础设施项目。项目由辽宁港口集团和俄铁路股份公司共同出资建设，总投资预算大约 20 亿元人民币，共分为三期开展建设，2017 年 8 月项目开始施工，在 2019 年底，一期工程已经顺利运行，首列集装箱班列顺利完成。现在项目已由工程建设阶段逐步转向运营阶段。2020 年 8 月，辽宁印发《关于支持别雷拉斯特物流中心项目建设的指导意见》，落实四大重要任务，包括构建中俄海关合作平台、打造海外仓、建设中欧班列枢纽港以及开辟对俄“通道 + 自由贸易”窗口。着力推进别雷拉斯特物流中心项目建设进程步伐，缩小通关时间，降低交易成本，努力将其建设成为中俄现代物流合作示范项目②。

---

① 过去四年黑龙江省对俄贸易额年均增长 27.9% [N]. 人民日报，2020-12-02.

② 辽宁省出台指导意见支持别雷拉斯特物流中心项目 打造对俄“通道 + 自由贸易”窗口 [N]. 人民日报，2020-08-31.

2009年中俄两国签署了《中国东北地区同俄罗斯远东及东西伯利亚地区合作规划纲要（2009－2018）》，列出了多项合作项目，其中最重要的合作方向就是投资领域，涵盖运输合作、口岸及边境基础设施建设、合作园区建设、旅游、劳务、人文及环保等领域合作。俄罗斯东部地区有11个联邦主体参与了规划的项目，中国东北地区的内蒙古自治区、黑龙江、辽宁和吉林参与了规划的项目（苏斯洛夫等，2013）。

《中国东北地区同俄罗斯远东及东西伯利亚地区合作规划纲要（2009－2018）》（简称《纲要》）已经到期，2018年，《中俄在俄罗斯远东地区合作发展规划（2018－2024年）》（简称《规划》）获得批准，对中国与俄罗斯东部地区的合作重新作了调整，2009年的《纲要》是双向投资合作文件，而《规划》是单向引导中国企业在俄远东地区投资，并且对重点合作项目进行分类细化和严格筛选，将合作项目分为以下几类，如表8所示。

表8　《中俄在俄罗斯远东地区合作发展规划（2018－2024年）》项目分类

类别	具体内容
跨越式发展区项目	阿穆尔—兴安岭　跨越式发展区（犹太自治州）项目
	巨石　跨越式发展区（滨海边疆区）项目
	山区空气　跨越式发展区（萨哈林州）项目
	堪察加　跨越式发展区（堪察加边疆区）项目
	共青城　跨越式发展区（哈巴罗夫斯克边疆区）项目
	米哈伊洛夫斯基　跨越式发展区（滨海边疆区）项目
	阿穆尔河畔　跨越式发展区（阿穆尔州）项目
	自由　跨越式发展区（阿穆尔州）项目
	别洛戈尔斯克　跨越式发展区（阿穆尔州）项目
	哈巴罗夫斯克　跨越式发展区（哈巴罗夫斯克边疆区）项目
	南区　跨越式发展区（萨哈林州）项目
	南雅库特　跨越式发展区（萨哈（雅库特）共和国）项目
自由港项目	滨海边疆区的符拉迪沃斯托克、阿尔乔姆、纳霍德卡、乌苏里斯克、哈桑区、纳杰日金区等10个地区项目
	堪察加边疆区的堪察加—彼得罗巴甫洛夫斯克市项目
	哈巴罗夫斯克边疆区的瓦尼诺区和苏维埃港区项目
	萨哈林州的科尔萨科夫和乌格列戈尔斯克市项目

续表

类别	具体内容
优先领域	天然气与石油化工业领域
	固体矿产领域
	运输与物流领域
	农业领域
	林业领域
	水产养殖领域
	旅游领域
战略合作和基础设施项目	发展滨海1号、2号国际交通廊项目
	跨境桥梁建设项目
	黑瞎子岛开发项目
	俄罗斯岛开发项目

资料来源：根据《中俄在俄罗斯远东地区合作发展规划（2018－2024年）》编制。

（三）中国东北地区与俄罗斯东部地区经济合作存在的主要问题

1. 贸易规模小，贸易结构单一，合作水平低

（1）贸易规模小

改革开放之后，随着中俄两国政治经济关系的发展，中国东北振兴战略与俄罗斯东部地区大开发战略的对接，两国在毗邻地区经贸领域的合作取得了一定的进步，但是仍然存在一些问题，贸易规模不大。根据《中国统计年鉴》（2018）统计，2017年中俄贸易额为842.21亿美元，中国进出口总额为41071.6亿美元，中俄之间的贸易额占中国进出口总额的比重仅有2.05%。如表9所示，2017年，东北地区对俄贸易总额为187.19亿美元，2018年中俄贸易额首次突破1000亿美元，东北地区对俄贸易额也有了巨大的进步，比2017年提高41.57%。虽然东北地区具有对俄开展贸易合作的比较优势，尤其是黑龙江省对俄贸易额占到黑龙江省对外贸易额的近60%，但是从贸易绝对数量来看，中俄毗邻地区贸易规模，以及中俄两国的贸易规模还处于较低水平。东北地区对俄贸易额占东北地区贸易总额的比重尚未超过16%。主要的原因就是俄罗斯东部地区处于俄罗斯的“边缘”地区，经济发展水平低，人口稀薄且分布不均，导致需求有限，难以形成规模经济。

表 9　　2000～2018 年中国东北地区对俄进出口贸易情况　　单位：亿美元

年份	东北地区对俄进出口总额	东北地区对俄出口额	东北地区自俄进口额	中俄进出口总额	中国对俄出口总额	中国自俄进口	东北地区对俄贸易额占中俄贸易总额比重（%）	东北地区对外贸易总额	东北地区出口总额	东北地区进口总额	东北地区对俄贸易占东北地区贸易总额比重（%）
2001	31.8	11.06	20.74	106.69	27.1	79.59	29.81	289.78	153.21	136.48	10.97
2002	38.75	12.56	26.30	119.27	35.21	84.07	32.49	328.05	175.01	153.04	11.81
2003	46.38	19.37	27.02	157.58	60.3	97.28	29.43	411.74	211.01	200.73	11.26
2004	60.32	24.70	35.35	212.26	90.98	121.27	28.42	520.69	260.02	260.77	11.58
2005	84.22	42.82	41.41	291.01	132.11	158.9	28.94	622.72	340.45	282.27	13.52
2006	104.30	55.51	48.78	333.87	158.32	175.54	31.24	751.07	419.01	332.16	13.89
2007	158.67	99.00	59.67	482.18	285.3	196.89	32.91	948.15	544.07	404.17	16.73
2008	155.78	95.97	59.83	569.09	330.76	238.33	27.37	1176.13	669.80	506.24	13.25
2009	96.10	44.68	51.42	387.97	175.14	212.83	24.77	976.54	489.66	486.58	9.84
2010	122.44	57.64	64.90	555.26	296.12	259.14	22.05	1317.39	672.15	645.24	9.29
2011	247.57	56.48	191.08	792.66	389.03	403.63	31.23	1684.59	783.97	900.62	14.70
2012	271.31	66.81	206.29	881.95	440.57	441.38	30.76	1776.37	823.40	953.06	15.27
2013	281.15	84.14	197.01	892.59	495.91	396.68	31.50	1910.02	915.69	993.90	14.72
2014	293.42	109.56	183.84	952.7	536.77	415.94	30.80	1937.94	882.75	1055.19	15.14
2015	170.17	41.39	128.67	680.27	348.1	332.17	25.02	1488.14	691.93	795.90	11.44
2016	156.52	34.02	122.50	696.37	375.06	321.31	22.48	1332.01	567.91	764.10	11.75
2017	187.19	34.38	152.80	845.02	431.5	413.52	22.15	1507.74	594.48	913.26	12.42
2018	265.00	28.27	236.73	1070.5	479.7	590.8	24.75	1771.21	639.07	1132.14	15.49

资料来源：根据东北地区历年统计年鉴计算整理。

（2）贸易结构单一

双方贸易结构不合理，贸易商品附加值较低且比较单一，经济合作远远落后于政治合作。从两地区贸易合作的结构来看，中国对俄罗斯出口的产品主要是以轻纺产品为主，服装、鞋帽、农产品等占了进口总额的 2/3 左右，近年来，机电产品出口比重有所增加，但也未超过 30%。中国自俄罗斯进口的商品主要是以能源和原料为主，进出口商品附加值较低。在东北地区，黑龙江省对俄贸易规模最大，以 2017 年黑龙江省对而贸易结构为例，我们发现黑龙江省对俄进出口商品结构中，对俄出口数额最大的商品是服装及衣着附件类，总金额达 35304 万美元，占黑龙江省对俄出口总额的

21.93%；第二位是鞋类，出口21052万美元，占比13.08%；黑龙江省自俄罗斯进口规模最大的产品是原油，达666637万美元，占黑龙江自俄进口总额的71.07%；其次是原木和锯材，总金额达141859万美元，占黑龙江省自俄进口总额的15.12%，如表10所示。中国东北地区与俄罗斯东部地区应该提升合作的水平，俄罗斯东部地区应该逐渐改变资源型产品出口的导向，向出口技术含量高的深加工、高科技、电子以及机械制造业产品的出口转变。双方急需寻找新的发展模式替代，投资作为国际贸易的深层次发展，有利于改善贸易结构，提升贸易层次。贸易结构单一，商品附加值较低的原因在于中国东北地区与俄罗斯东部地区的经济合作就是建立在双方自然资源、产业结构互补的基础之上的，俄罗斯东部地区开展与中国东北地区的经济合作，就是基于其具有的自然资源禀赋优势，而中国东北地区发展劳动密集型产品方面拥有比较优势。

表10　　2017年黑龙江省对俄进出口商品结构　　单位：万美元

黑龙江省对俄出口			黑龙江省自俄进口		
名称	金额	占比（%）	名称	金额	占比（%）
服装及衣着附件	35304	21.93	原油	666637	71.07
鞋类	21052	13.08	原木	77557	8.27
蔬菜	17643	10.96	锯材	64302	6.86
鲜、干水果及坚果	12189	7.57	煤	25154	2.68
纺织纱线、织物及制品	9317	5.79	铁矿砂及其精矿	20895	2.23
塑料编织袋	5337	3.31	粮食	16339	1.74
粮食	2650	1.65	纸浆	11787	1.26
玩具	2329	1.45	肥料	8412	0.90
箱包及类似容器	2124	1.32	食用植物油	2733	0.29
钢材	2004	1.24	合成橡胶	2190	0.23

资料来源：根据《2018年黑龙江商务年鉴》整理计算。

2. 东北各省（区）与俄罗斯东部地区经济合作水平不均衡

贸易结合度是衡量两国在贸易方面相互依存度的重要指标。贸易结合度是指一定时期内一国（地区）对某一贸易伙伴国（地区）的出口总额占该国出口总额的比，与该贸易伙伴国（地区）进口总额占世界进口总额的比重之比，其比值越大，说明两国贸易的联系越紧密。具体计算方法如下：

$$TCDab = (Xab/Xa)/(Mb/Mw)$$

其中，TCDab表示a国或地区对b国或地区的贸易结合度，Xab表示a国或地区对 b 国或地区的出口额，Xa 表示 a 国或地区出口总额；Mb 表示 b 国或地区进口总额；Mw 表示世界进口总额。如果 TCDab 的值大于 1，说明 a、b 两国或地区贸易联系紧密，如果 TCDab 的值小于 1，说明 a、b 两国或地区贸易联系较为松散。

从表 11 中双方贸易结合度指数来看，中国东北地区与俄罗斯有着密切的联系，除了吉林省与辽宁省个别年度双方的贸易结合度指数小于 1 以外，大多数年份的贸易结合度指数都大于1。比较各省份与俄罗斯贸易结合度指数可以看出（见图2），在东北地区与俄罗斯东部地区的贸易合作方面，发展并不均衡。其中，黑龙江省、内蒙古对俄罗斯的贸易结合度指数和俄罗斯对黑龙江、内蒙古的贸易结合度指数均高于吉林和辽宁两省。纵观黑龙江省与俄罗斯贸易结合度指数的发展趋势，2000 ~ 2004 年，双向的贸易结合度指数都在上升，说明双方的依赖程度越来越高，2004 年开始直到 2012 年，双方的贸易结合度指数呈下降趋势，究其原因，一方面可能是各自都拓展了自己同其他区域的合作空间，比如加强了同欧美国家或东北亚地区其他国家的贸易联系，另一方面可能是中国区域内南方的许多城市也加速了同俄罗斯的贸易联系，对黑龙江省与俄罗斯贸易合作形成了替代。2013 年以后，国家出台了一系列振兴东北的积极政策，提出了“中蒙俄经济走廊”的建设，推动中国东北与俄罗斯东部地区的经济贸易合作，黑龙江省作为中国对俄罗斯贸易的“桥头堡”和“枢纽站”，与俄罗斯贸易的结合度指数又开始回升，内蒙古对俄罗斯的贸易联系日趋紧密。整体上看，吉林省对俄罗斯的贸易结合度指数大于俄罗斯对吉林省的贸易结合度指数，而且波动较大，说明在贸易合作方面，吉林省对俄罗斯的依赖程度大于俄罗斯对吉林省的依赖程度。沈阳与俄罗斯之间的贸易结合度指数比较平稳，东北三省与俄罗斯之间的贸易结合度的差异可以说明，地缘优势在东北地区与俄罗斯之间的贸易合作中占有重要地位，黑龙江省与俄罗斯边境线最长，二者之间的贸易规模和贸易结合度指数都较高，辽宁是东北地区唯一不与俄罗斯直接接壤的城市，所以辽宁省与俄罗斯的贸易合作在双方的经济合作中，并未发挥重要作用。

表 11　　2000 ~ 2018 年中国东北地区与俄罗斯贸易结合度指数

年份	黑龙江省对俄罗斯	俄罗斯对黑龙江省	吉林对俄罗斯	俄罗斯对吉林	辽宁对对俄罗斯	俄罗斯对辽宁	内蒙古对俄罗斯	俄罗斯对内蒙古
2000	48.20	38.08	1.09	2.74	1.17	1.19	20.95	38.14
2001	58.59	36.23	0.75	2.22	1.11	1.14	22.79	37.28
2002	54.58	36.27	0.82	1.78	1.17	1.34	11.76	39.10
2003	59.07	31.06	0.96	0.55	1.17	1.01	8.03	39.31

续表

年份	黑龙江省对俄罗斯	俄罗斯对黑龙江省	吉林对俄罗斯	俄罗斯对吉林	辽宁对对俄罗斯	俄罗斯对辽宁	内蒙古对俄罗斯	俄罗斯对内蒙古
2004	57.43	28.06	1.71	0.28	1.11	1.07	4.44	33.56
2005	54.84	23.44	1.30	1.57	1.25	1.18	2.77	24.36
2006	40.90	19.95	9.58	0.51	1.46	0.94	3.13	23.76
2007	42.69	20.53	12.03	0.49	1.45	0.92	4.53	23.36
2008	27.29	17.18	8.03	0.34	0.91	1.07	4.41	12.35
2009	21.62	15.93	8.15	0.44	1.24	0.77	5.61	20.85
2010	16.44	13.40	7.52	0.26	1.08	0.88	3.46	17.00
2011	14.07	24.90	0.75	1.33	1.14	0.91	2.63	13.08
2012	19.93	24.68	1.34	1.30	1.06	1.05	3.92	12.00
2013	23.72	26.13	0.77	1.22	0.98	0.99	3.79	11.39
2014	32.23	25.49	1.40	0.84	1.25	0.87	6.28	11.34
2015	25.43	32.18	4.69	0.93	1.59	2.26	9.28	13.96
2016	28.69	37.66	5.62	0.64	1.57	3.27	11.95	17.34
2017	23.20	35.00	6.76	0.61	1.56	2.99	7.91	14.38
2018	21.02	34.64	3.22	2.10	1.86	2.02	5.84	11.45

资料来源：根据表1、表2、表3、表4数据整理计算。

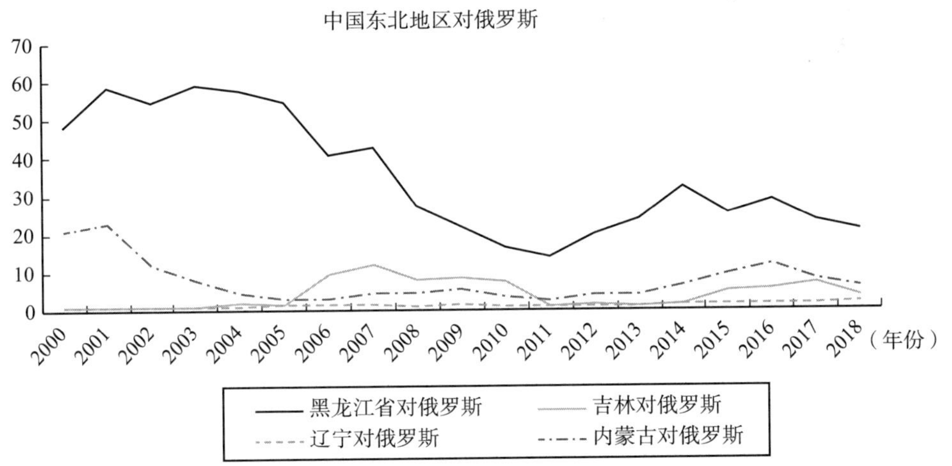

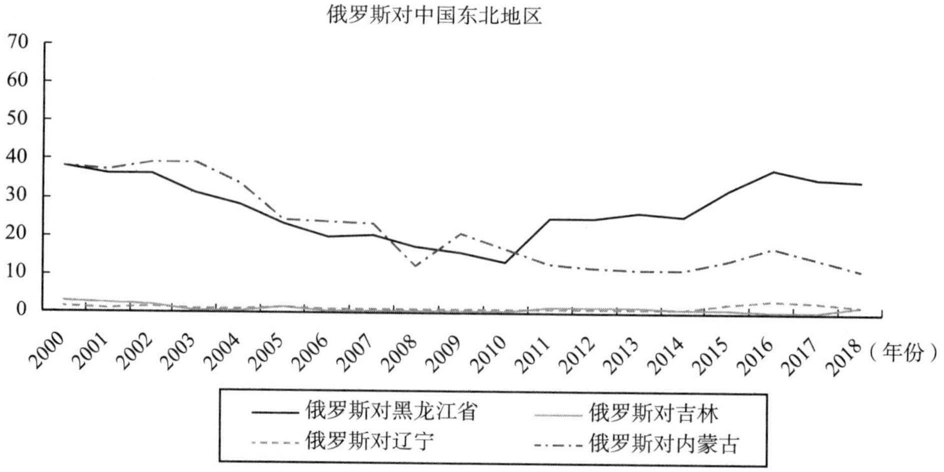

图2　2000～2018年中国东北地区与俄罗斯贸易结合度指数变化

3. 投资规模有限，项目落实滞后

中国是吸引外资最多的国家之一，同时也是资本输出的大国。但可以看出现阶段中俄投资合作规模与水平尚未达到两国政治关系发展水平（捷琳基耶娃，2019）。对俄罗斯东部地区的投资规模还很小，始终没有达到两国的预期目标，远远落后于两国政治合作的水平。俄罗斯《独立报》2020年1月24日报道，2020年俄吸引外国直接投资额仅为14亿美元，与上年290亿美元相比，降幅高达95%。1994年俄外资流入创最低水平，其后的1998年主权债务违约、2008～2009年全球危机、2014年俄罗斯经济危机时外国直接投资仍居相对高位，分别为25亿美元、648亿美元和176亿美元。2020年区区14亿美元仅占俄GDP的0.1%，远低于上年1.7%的占比，是自俄独立以来最低值，因此部分专家称其为零投资①。

2009年中俄两国签署的《中国东北地区同俄罗斯远东及东西伯利亚地区合作规划纲要（2009－2018）》中，共有200多个项目，其中涉及俄方的有89个项目，但是项目落实远远不及预期。在俄罗斯方面需要实施的89个项目中，只有部分项目被列入《俄罗斯联邦远东及外贝加尔地区2013年以前经济社会发展联邦专项纲要》中，2011年，涉及俄方的89个项目中只有54个项目被保留②。分析其原因，主要是受金融危机、西方制裁、国际石油价格下降、卢布贬值等多方面因素的影响，俄罗斯国内面临资金不足的困境，所以原本规划落实的项目都没能落实到位；另外国际市场激烈

① 驻俄罗斯联邦大使馆经济商务处：《专家评2020年俄吸引外资几近于零》［EB/OL］. 中华人民共和国商务部，2021年2月1日，http：//www.mofcom.gov.cn/article/tongjiziliao/fuwzn/oymytj/202102/20210203035940.shtml。

② 苏斯洛夫ДВ、陈秋杰．现阶段落实《中国东北地区同俄罗斯远东及东西伯利亚地区合作规划纲要（2009－2018）》问题［J］. 西伯利亚研究，2013，40（4）：8－14.

的竞争，尤其是欧盟以及韩国、日本、朝鲜等周边国家对俄罗斯东部市场的争夺，也都会限制中国与俄罗斯在东部地区的投资规模；再者，俄罗斯东部地区自然条件较差，人口稀少，也给在东部地区的开发投资带来了难度，俄方关于“中国威胁论”等负面言论的顾虑都在一定程度上限制了中俄在俄罗斯东部地区投资发展的进程。

4. 俄罗斯政策不稳定，双方合作的机制需要进一步完善

在政策保障方面，俄罗斯在海关、税收等方面的法律法规变动频繁，导致东部地区的远东和西伯利亚联邦区在投资政策、税收政策方面随之调整，让投资者无所适从，给投资者带来巨大的损失。虽然俄罗斯的法律政策不断完善，但是整体来说仍然存在不规范、不透明的情况，导致中方在俄罗斯开展合作的成本高，投资回报率低，甚至是投资收益毫无保障。

俄罗斯中南部远近闻名的世界上最大的淡水湖——贝加尔湖，因存水量大，水质优良，吸引了一些投资者对其进行投资。来自中国的三位合伙人计划在贝加尔湖畔建设一个矿泉水厂，规划年处理15万立方米湖水，成品在中国市场销售。在取得了俄罗斯规定的全套手续后，投入3000万人民币开工建设。然而，该水厂却被俄罗斯政府突然叫停，2017年，俄罗斯民间出现“反对中国公司在贝加尔湖畔建设矿泉水厂”的舆论，担心“中国人会把水抽干”或者“对湖水造成污染”。2019年3月，俄罗斯时任总理梅德韦杰夫要求俄罗斯自然资源与生态部对矿泉水厂项目进行检查。西贝加尔跨地区环境保护检察院的通报称，“虽然水厂手续齐全，但俄罗斯联邦自然资源利用和生态管理局伊尔库茨克州分局批准的生态鉴定结论并未考虑到铺设取水管道用地范围内的珍稀植物分布情况，忽视了铺设取水管道用地是候鸟迁徙期重要的季节性栖息地这一因素。此外，施工过程中去除了土壤表面的肥力丰厚的土壤层”。根据这一结论，法院判决水厂取得的国家生态鉴定结论作废，施工立刻停止①。这种政策的不稳定性，给中国投资者带来了极大的投资风险，限制了在俄罗斯开展合作的信心及效果。

四、中国东北地区与俄罗斯东部地区经济合作的基础与制约因素

（一）合作基础

1. 地缘优势是两地区合作的首要前提

中国东北地区与俄罗斯东部地区地缘优势明显，两地毗邻地区的边境线长达

① 中国矿泉水厂在俄贝加尔湖畔死亡全纪录［EB/OL］. 近观俄罗斯，https：//baijiahao. baidu. com/s? id = 1639560494599752199，2019 - 07 - 20。

3300 公里。相毗邻的地缘优势，为两个地区经济合作的开展提供了便利条件。地缘优势为双方提供了十分便利的交通条件，两个地区拥有众多国家级的沿边口岸，具有密集、便利、优良的海陆空运输通道，四通八达的运输网络避免了双方交易中运输问题的出现，大大降低了运输成本。同时，两个地区相邻，信息传递及时，降低信息失真的程度。中国东北地区与俄罗斯东部地区，依山傍水、口岸相通、运输网络发达，这些天然的便利条件把东北地区与俄罗斯东部地区连为一体，构成了两个地区经济合作的首要前提。

2. 互补性需求是两地区开展经济合作的重要基础

中国东北地区与俄罗斯东部地区经济发展水平不同，资源禀赋不同，资源的互补是两地开展经济合作的重要基础。俄罗斯幅员辽阔，自然资源十分丰富，是世界上的能源大国，石油、天然气以及煤炭等资源储量巨大。可以说，俄罗斯是世界上唯一一个自然资源几乎能够自给自足的国家。俄罗斯大部分的自然资源主要集中在西伯利亚和远东地区，这一广阔的地区被称为取之不尽的资源宝库。也正因为这一地区丰富自然资源的优势，才使该地区具有强大的吸引力。西伯利亚地区是俄罗斯的资源宝库，远东地区也拥有较为丰富的自然资源，对国外的贸易和投资产生了巨大的吸引力。中国东北地区历史上曾蕴含着很多重要的资源，但是在经过大量的开发开采之后，资源已经濒临枯竭，再随着人口的增加和经济快速发展，东北地区的资源禀赋性质已发生根本改变，特别是东北三省的煤炭、石油等矿产资源日趋紧张，开始依赖于国外的进口。

由于历史的原因，再加上俄罗斯东部地区经济发展水平和基础设施的因素，导致俄罗斯东部地区人口稀少，人口自然增长率低，而人口迁出率过高，严重影响了东部人口的增加。与之毗邻的中国，劳动力资源丰富，尤其是东北地区还有大量的劳动力富余，劳动力成本较低，双方开展劳务合作具有优势。另外，俄罗斯东部地区经济发展落后，开发需要投入大量的资金，仅仅依靠俄罗斯自身的力量很难实现。可见，中国东北地区和俄罗斯东部地区这种超强的互补性需求，决定了两国毗邻地区的合作成为必然。

3. 发展理念的契合是两地区开展经济合作的强大动力

俄罗斯幅员辽阔，国土面积 1709. 82 万平方公里，横跨欧亚大陆，是世界上国土最辽阔的国家。但俄罗斯也是一个典型的区域发展不平衡国家，东西部之间的经济发展水平、社会发展水平差异明显，东部地区长期处于经济发展滞后，人民生活水平低下的状况。俄罗斯联邦政府急需制定相应的东部开发战略，刺激东部经济的发展，如表 12 所示。独立后的俄罗斯联邦政府非常重视东部地区的开发与发展，大力推进经济发展战略东移计划，在不同的时期提出了一系列重要规划和具体部署。

表 12　　俄罗斯东部地区区域发展战略一览

标志性事件和战略	时间	意义
《1996－2005 年俄罗斯远东和外贝加尔地区经济与社会发展联邦专项纲要》	1996 年 4 月	标志东部大开发战略开始
《1996－2005 年和到 2010 年远东和外贝加尔地区经济与社会发展联邦专项纲要》	2002 年 3 月	全面规划东部大开发战略
《西伯利亚经济发展战略》	2002 年 3 月	提出要注重俄罗斯与中国及东北亚区域的经济合作
《俄罗斯 2020 年前能源发展战略》	2003 年 5 月	明确俄罗斯能源发展的“东部方向”
《2013 年前远东及外贝加尔地区经济社会经济发展联邦专项纲要》	2007 年 11 月	考虑地缘战略利益和保障俄联邦安全，建立基础设施
《2025 年前远东和贝加尔地区经济社会发展战略》	2009 年 12 月	中俄地区发展战略形成共识
《西伯利亚地区 2020 年前经济社会发展战略》	2010 年 5 月	建立面向亚太地区国家的出口基础设施
俄罗斯成立远东发展部	2012 年 5 月	专门机构负责协调国家计划和联邦目标计划的实施情况
《俄罗斯社会经济超前发展区联邦法》	2014 年 12 月	规定了建设基础设施的资金保障、管理和海关监管、市政监管等方法
在远东设立跨越式开发区方案通过	2014 年 12 月	提出在远东设立 14 个跨越式开发区，政府提供在税收减免、土地、基础设施建设等方面最优惠的条件
《俄罗斯联邦符拉迪沃斯托克自由港法》	2015 年 7 月	签署设立俄罗斯符拉迪沃斯托克自由港
《俄罗斯远东地区土地免费配发法案》	2016 年 5 月	俄罗斯公民可在远东联邦区一次性无偿获得不超过 1 公顷的 5 年土地使用权
俄罗斯远东发展部更名为远东和北极发展部	2019 年 2 月	赋予了该机构制定北极发展政策并进行法律监管的新职能

资料来源：笔者整理（2021）。

中国东北地区在新中国成立初期，为国家经济发展作出了巨大贡献，是重要的工业与农业基地。随着改革开放的不断深入，东南沿海地区快速发展，东北地区的经济发展水平与东部地区的差距日趋明显，国家亟待拉动东北经济的发展，缩小经济发展不平衡的差距。由表 13 可以看出，2003 年开始，中国政府出台东北振兴战略，高度重视东北地区经济的发展。

表 13　　我国东北地区区域发展战略一览

标志性事件和战略	时间	意义
中共十六大报告首次提出“振兴东北老工业基地”	2002 年 11 月	支持东北地区等老工业基地加快调整和改造
《关于实施东北地区等老工业基地振兴战略的若干意见》	2003 年 10 月	标志着东北老工业基地振兴战略正式开始实施
《东北地区振兴规划》	2007 年 8 月	进一步明确东北老工业基地振兴的战略目标
《黑龙江省老工业基地振兴总体规划》	2004 年 3 月	省区振兴规划，促进振兴，加快发展
《振兴吉林老工业基地的规划纲要》	2004 年 3 月	省区振兴规划，改造提升传统产业
《辽宁省老工业基地振兴规划》	2004 年 2 月	省区振兴规划，全面推进工业结构优化升级
《东北地区电力工业中长期发展规划》	2005 年 4 月	落实开发蒙东煤电基地，实施“西电东送”战略
《辽宁沿海经济带开发建设规划》	2009 年 7 月	发挥沿海区域的区位和资源优势
《关于进一步实施东北地区等老工业基地振兴战略的若干意见》	2009 年 9 月	支持中俄地区合作规划项目实施
《东北振兴“十二五”规划》	2012 年 3 月	注重转型，产业结构优化升级，对内对外开放
《关于近期支持东北振兴若干重大政策举措的意见》	2014 年 8 月	突破难题，依靠内生发展推动东北经济提质增效升级
《关于全面振兴东北地区等老工业基地的若干意见》	2015 年 12 月	启动一批可以增强发展后劲的重大基础设施项目
《中共中央国务院关于全面振兴东北地区等老工业基地的若干意见》	2016 年 4 月	全面深化改革，解决目前困境
推进东北地区等老工业基地振兴三年滚动实施方案 2018 年）	2016 年 8 月	明确了 137 项重点工作和 127 项重大项目
《关于深入推进实施新一轮东北振兴战略加快推动东北地区经济企稳向好若干重要举措的意见》	2016 年 11 月	以全面深化改革创新，提升东北老工业基地的发展活力
中国（辽宁）自由贸易试验区成立	2017 年 3 月	引领东北地区转变经济发展方式、提高经济发展质量和水平
中国（黑龙江）自由贸易试验区成立	2019 年 8 月	我国最北贸易试验区片区的建设正式启动
《内蒙古自治区推进贸易高质量发展行动计划（2020－2022 年）》	2020 年 12 月	增强贸易创新能力和发展动力，培育贸易新业态、新模式

资料来源：笔者整理（2021）。

两国在长期的发展过程均积累了一些问题，对内需要地区产业结构升级转型，对外则需要扩大对外开放利用国际资源助推区域经济的发展，缩小区域经济发展差距，我国东北振兴战略同俄东部大开发战略的发展理念存在高度契合性，为两地区跨境经济合作提供了源源不断的动力。双方强调“将俄罗斯东部大开发与中国东北振兴结合起来”。2009 年，中俄通过《中国东北地区同俄罗斯远东及东西伯利亚地区合作规划纲要（2009 - 2018）》，决定共同构建大交通、大市场格局，推动毗邻地区基础设施建设、经济技术、科技、人文环保等多领域合作，标志着中俄两国区域性合作进入了一个全新的实质性操作阶段。2018 年，《中俄在俄罗斯远东地区合作发展规划（2018 - 2024 年）》正式获批，细化了具体的合作项目，完善协调机制，推进两国和企业合作，引导中国企业去俄罗斯远东地区投资。中俄两国合作进入全新发展阶段。2019 年 6 月，中俄两国元首发表《中俄关于发展新时代全面战略协作伙伴关系的联合声明》，指出双方开展“政治合作、安全合作、务实合作、人文交流、国际协作”等多角度的合作，赋予了两国关系的新定位和新方向。

4.“一带一路”倡议与欧亚经济联盟的对接是推进两地区经济发展的外部动力

在“一带一路”构建的开放格局中，东北地区是向北对外开放的前沿和重要窗口，主要是针对俄罗斯东部地区开展基础设施建设和推动互联互通，即“完善黑龙江省对俄铁路通道和区域铁路网，以及黑龙江、吉林、辽宁与俄远东地区陆海联运合作，推进构建北京—莫斯科欧亚高速运输走廊，建设向北开放的重要窗口”。2016 年《关于全面振兴东北地区等老工业基地的若干意见》，明确指出“努力将东北地区打造成为我国向北开放的重要窗口和东北亚地区合作的中心枢纽”“加强东北振兴与俄远东开发战略衔接，深化毗邻地区合作”。“一带一路”建设把中国东北地区同俄罗斯东部地区紧紧联系起来，形成了两地区经济快速向前发展的强大动力。

（二）制约因素

1.“边缘地域”导致两地区经济合作困难重重

俄罗斯东部地区“边缘性”是抑制该地区发展的主要制约因素。俄罗斯是世界上第一领土大国，横跨欧亚大陆，东西最长 9000 公里，南北最长 4000 公里，包括远东和西伯利亚的俄罗斯东部地区位于东部边疆地区，距离俄罗斯的欧洲经济中心遥远，地理位置上的孤立与恶劣的自然环境是抑制俄罗斯东部地区发展的主要制约因素。

东部地区虽然拥有漫长的海岸线，但是北部和东部沿海地带均位于极寒地区，冬季寒冷且持续时间长，长达 9 个月，远东联邦管区萨哈（雅库特）共和国的奥伊米亚康有“寒极”之称，最低温度可达零下 71℃。大部分地区为永久冻土层，恶劣的自然条件给东部地区开展经济活动带来了阻力，冬长夏短，植物生长期短，农作物的日照时间不足，土壤普遍贫瘠，适宜农业种植的耕地面积有限；南部地区雨季较为集中，河流容易出现泛滥的情况；北部地区分布在地震带上，该地区还经常爆发地震。种种恶劣的自然条件限制了俄罗斯东部地区大开发的进程，也限制了中国东北地区与俄罗斯东部地区经济合作开展的效果。

2. 俄罗斯东部地区人口稀薄导致两地区经济合作空间有限

从 20 世纪 90 年代开始，俄罗斯人口开始出现负增长。根据俄罗斯联邦统计局的数据，截至 2019 年 10 月 1 日，俄罗斯总人口数约为 1.467 亿，平均每平方公里不足 9 人。俄罗斯东部地区受地理位置和自然条件的限制，越来越少的人口数量是遏制俄罗斯东部地区开发最严峻的问题之一。近年来，西伯利亚联邦区总人口呈不断下降趋势。2013 年约为 1928 万人，2019 年人口总数下降为 1717.8 万人，平均每平方公里 4 人。人口密度最低的克拉斯诺亚尔斯克边疆区，平均每平方公里仅为 1.2 人。西伯利亚地区人口结构也不均衡，最严重的问题就是技术熟练人才较为缺乏，随着俄罗斯东部地区的逐步开发，制造业比例将会增加，现有的劳动力层次不能满足发展的需求。远东地区总面积达 699.12 万平方公里，占全俄总面积的 41%，2015 年底，人口仅为 621.1 万人，鉴于人口形势的严峻，2016 年后远东地区调整开发思路，重视提高远东地区居民的生活水平，以减少人口流失。2019 年，远东人口出现回升，达到 829.67 万人。即使如此，平均每平方公里仍不足 1.2 人。与此同时，人口流失现象存在，首先流失的就是具有专业技术的人才，导致整个东部地区劳动力的整体素质在下降，劳动力市场上难以找到足够数量的高质量的劳动力。

目前，俄罗斯东部地区交通运输业、通信业，制造业建筑部门以及零售部门，对劳动力需求增长快速。为此，俄罗斯积极鼓励吸引国外移民来解决本地人口问题，陆续有来自朝鲜、中亚等国家的移民前往俄罗斯，但是这些外来劳动力多数只能在低端岗位就职，增加人口总量和提高人口素质是俄罗斯落实东部战略的主要障碍。

3. 经济发展相对落后抑制两地区经济合作的深度与层次

俄罗斯东部地区产业结构单一，产业结构失衡的问题长期以来一直存在。苏联时期其东部地区作为全国原料和能源的供应地，其产业结构呈现出“原料化”特征。远东地区作为国家军事前沿阵地，主要产业包括采矿业、渔业、木材加工业和军事工业等；西伯利亚渐渐发展成为俄罗斯的石油工业基地、煤炭基地，整体上东部地区产业结构单一，重工业、军工事业比较发达，而轻工业、农业、第三产业相对滞后，长期的产业结构不协调，很难高效吸收劳动力，导致东部地区劳动力大量流失，尤其是一些掌握现代技能的高素质人才流失严重，尽管东部地区资源丰富，经济还是不能快速发展实现腾飞。

4.“中国威胁论”等论调阻碍了两地区经济合作的进程

俄罗斯对内高度重视东部大开发战略的实施，对外十分迫切与中国开展合作，采取了多项措施推动两地区的合作。东部地区人口密度低，分布不平衡，开发进程中需要一定数量的劳动人口，因此鼓励移民参与到俄罗斯东部的生活生产中。但是俄罗斯一些人对于中国劳动力大量进入东部地区心存疑虑，“人口扩张论”“中国威胁论”等论断导致俄罗斯各界对中国快速发展存在戒备，边境贸易规模的扩大和发展，大量中国人涌入俄罗斯东部地区，也引起了当地很多居民的顾虑。

五、中国东北地区与俄罗斯东部地区经济合作的对策建议

（一）借助“一带一路”建设，拓展合作的领域和层次

“一带一路”建设充分反映了中国东北地区与俄罗斯东部地区深入开展合作诉求，为中国东北地区与俄罗斯东部地区进一步合作明确了方向。

在“一带一路”建设背景下，实现中国东北振兴战略与俄罗斯东部大开发战略有效对接，最重要的任务就是要推动两国间和两地区间大项目的合作。此类项目合作的规模大、合作时间长，往往是政府出于国家利益而推进的战略项目，影响范围广，示范效应强，可以充分带动中小项目的实施，推动两地区经济的增长。2009 年《俄罗斯远东及东西伯利亚地区同中国东北地区合作规划纲要（2009 – 2018）》中提出了双方推荐合作的 200 多个重点建设项目，涵盖基础设施建设、采矿、化工、农业、森林加工以及渔业等领域。中俄两国政府始终高度重视大项目的合作，并积极制定政策推进大项目的实施。2018 年，《中俄在俄罗斯远东地区合作发展规划（2018 – 2024 年）》中分类细化和严格筛选了中俄在远东地区推进的重点合作项目，包括 12 项跨越式发展区项目，四大类自由港项目，七大类优先发展的领域以及四项战略合作和基础设施项目。大项目是中国东北地区与俄罗斯东部地区经济合作的重要方向，也是深化中俄两国经济合作的强大动力，双方应该积极落实毗邻地区大项目的合作，促使合作的潜能转化为现实的成果，发挥大项目的辐射作用，不断扩大合作的深度和广度，进而促进两个地区快速稳定的发展。

（二）联合国内发达省份和地区共同开展区域经济合作

由于各种原因，中国东北地区与中国东南沿海发达地区相比经济发展水平差距比较明显，俄罗斯东部地区远离俄罗斯的中心，东西部经济发展极不平衡。仅仅依靠两地区内部的土地、资源和劳动等生产要素的比较优势来发展区域经济合作，容易陷入

“比较优势的陷阱”。所以两地区的经济合作可以引入域外的资金、技术、管理经验以及开辟更加广阔的市场，将域内外各种优质生产要素有机整合起来，从而进一步促进区域内综合竞争力的培育，带动区域经济的发展。

为了促进两地区经济合作，从而推动发展，可以进一步扩大与国内发达省份和城市的合作与交流，广泛联合发达省市的大企业、大集团，利用其资金雄厚和先进技术等优势来解决中国东北地区与俄罗斯东部地区合作中出现的资金短缺、技术落后带来的难题，促进要素的充分流动和生产要素优化配置。扩大对外开放和对内开放，打造开放发展的新高地，发挥共同优势，推动经济高质量开展。

（三）提升贸易投资便利化水平，促进贸易投资发展

推进中国东北地区与俄罗斯东部地区贸易投资便利化的有效途径是要营造良好的海关环境。海关环境是实现“引进来”“走出去”步伐的强力依托，改善海关环境可以有效地减少因手续问题所带来的货物滞留情况，加快货物通关的速度，同时还有利于避免腐败寻租的行为所带来的消极影响。一是推动海关管理的现代化，特别是要将海关与互联网相互结合起来，努力实现通关程序的信息化、透明化和标准化。可以借鉴“网上报关”“大通关”和“单一窗口”等先进的清关经验，简化货物出关所需要的流程，削减不必要的通关手续，建立统一完善的海关信息系统，提高海关部门的行政效率。二是根据海关部门运作的特点建立严格的贸易监督机制，如在海关服务处安置意见箱、开通网络举报通道等途径，防止海关部门的工作人员利用职务之便谋取经济利益，建立起一个公正、严谨的海关监督体系，使每一个贸易主体都能够在通关过程中获得平等的贸易待遇，从而加深双方经贸合作关系，提高两国的贸易投资便利化水平。

（四）推动中俄次区域自由贸易区建立

为了解决中国东北地区与俄罗斯东部地区经济合作规模有限，贸易结构不尽合理，双方的比较优势没有完全发挥出来，生产要素缺乏自由流动等问题，建立中国东北地区与俄罗斯东部地区次区域自由贸易区是未来的必然选择。中俄贸易中，商品结构不平衡，俄罗斯东部地区向中国出口的主要是资源型产品，而中国东北向俄罗斯东部地区出口的主要是工业制成品，造成这种现象的原因主要是因为中俄双方的产业结构决定的，通过建立自由贸易区，不仅可以实现贸易自由化，还可以实现投资自由化和便利化，中方企业对俄罗斯相关产业进行投资，改善俄罗斯东部地区产业结构，提升俄罗斯东部地区对资源型产品的加工能力，从而改变中俄目前这种贸易结构不均衡的状态。

整体来看，中国东北地区和俄罗斯东部地区在边境地区建立的跨境经济合作区和东北地区建设的自由贸易试验区，已经开始局部贸易投资自由化的试验，为中俄在东北和俄东部地区建立次区域自由贸易区奠定了良好的基础。因此，今后可以考虑进一步提高经济合作的层次和水平，直至最终建立中俄自由贸易区。

参考文献

[1] Kapustina L. M., Drevalev A. A. Transport Infrastructure Development in the Scope of Economic Cooperation between the Regions of Russia and China [A]. The Northeast Asia Symposium, 2018 (8): 39 -43.

[2] Luzyanin S. G. The Present and Future of Russia - China Relations [J]. Herald of the Russian Academy of Sciences, 2020, 90 (1): 9 -14.

[3] 崔万田. 东北老工业基地振兴与区域经济创新 [A]. 辽宁省哲学社会科学成果奖评审委员会办公室. 辽宁省哲学社会科学获奖成果汇编 [2007 -2008 年度] [C]. 辽宁省社会科学界联合会, 2010: 4.

[4] 刁秀华. 新时期中俄区域经济合作的新进展与新亮点 [J]. 财经问题研究, 2021 (1): 123 -129.

[5] 丁晓龙. 内蒙古和黑龙江对外贸易比较分析 [J]. 北方经济, 2018 (11): 38 -40.

[6] 高际香. 从普京第四任期经济政策着力点看中俄经济合作方向 [J]. 西伯利亚研究, 2018 (4): 33 -36.

[7] 郭力. 俄罗斯东部地区经济发展中的区位因素分析 [J]. 俄罗斯东欧中亚研究, 2013 (4): 27 -35, 95.

[8] 和军, 张紫薇. 新一轮东北振兴战略背景与重点——兼评东北振兴战略实施效果 [J]. 中国特色社会主义研究, 2017 (6): 33 -41, 2.

[9] 姜振军, 赵东旭. “一带一路” 视阈下中国东北与俄罗斯远东地区经济合作的问题与机遇 [J]. 商业经济, 2019 (4): 1 -3, 98.

[10] 林木西. 东北老工业基地制度创新 [A]. 辽宁省哲学社会科学成果奖评审委员会办公室. 辽宁省哲学社会科学获奖成果汇编 [2009 -2010 年度] [C]. 辽宁省社会科学界联合会, 2013: 7.

[11] 林木西, 和军, 赵德起. 东北老工业基地新一轮体制机制创新 [M]. 北京: 经济科学出版社, 2018.

[12] 刘清才, 齐欣. “一带一路” 框架下中国东北地区与俄罗斯远东地区发展战

略对接与合作［J］. 东北亚论坛，2018（2）：34－51，127.

［13］刘志中．"一带一路"战略下中俄双边贸易的竞争性、互补性及发展潜力［J］. 经济问题探索，2017（7）：95－102，115.

［14］龙盾，陈瑞剑，杨光．"一带一路"建设下中国企业赴俄罗斯农业投资现状及分析［J］. 世界农业，2019（9）：96－103.

［15］马树才．东北老工业基地经济政策创新体系研究［M］. 北京：经济科学出版社，2011.

［16］杨慧，李慧秋．"一带一路"倡议下中国东北与俄罗斯远东合作研究［J］. 东北亚经济研究，2019（3）：22－30.

［17］杨莉．"一带一路"倡议与俄罗斯远东开发战略融合的路径［J］. 国际贸易，2019（12）：76－82.

［18］赵立枝．基于产业互动探索中俄区域合作模式——《中国东北地区与俄罗斯东部地区经济合作模式研究》评介［J］. 西伯利亚研究，2013（4）：92－93.

［19］朱蓓蓓．俄罗斯远东地区开发战略与中俄区域合作研究［D］. 吉林大学博士学位论文，2019年.

［20］朱显平．发挥区位优势推动中俄科技合作［J］. 管理观察，2014（2）：43.

Research on the Economic Cooperation between Northeast China and Eastern Russia

Li Yan

Abstract: China and Russia are two major countries with pivotal status in the world today. Promoting economic cooperation between Northeast China and Eastern Russia is the main direction of economic cooperation between China and Russia. Northeast China and Eastern Russia are geographically adjacent and fully complementary economies. To achieve strategic alignment and mutual integration is not only in line with the objective law of regional economic development, but also in line with the common interests of the two countries. At the same time, it can promote the consolidation of China – Russia comprehensive strategic partnership of coordination in the new era. Based on the theory of regional economic cooperation, this paper makes a comprehensive analysis of the current situation of economic cooperation between Northeast China and Eastern Russia, puts forward the preconditions and constraints of economic cooperation between Northeast China and Eastern Russia, and puts forward the countermeasures and suggestions of economic cooperation between Northeast China and eastern Russia, in order to provide theoretical and practical reference for the two countries to carry out sub regional economic cooperation.

Keywords: Northeast China　Eastern Russia　Economic cooperation　Influence factor

上海工业设计服务与制造业融合发展研究*

于　辉　左学金**

摘　要：重塑制造业新优势和大力发展服务经济对促进上海经济持续性和稳健性意义重大。工业设计与制造业深度融合发展，正符合传统产业自身转型的切实诉求，也必将带动整个制造业产品的升级换代，引领重塑上海制造业发展新优势。目前，上海工业设计服务与制造业融合发展面临着高校、科研院所科研成果转化缺乏积极性，独立的面向社会服务的工业设计企业少，以及与制造业企业横向联系薄弱、产业共性技术创新主体缺位、基于互联网的新型平台发展滞后等供给端制约。同时，工业设计成果转化的应用动力和应用实力不足、工业设计成果供需不匹配、专业的科技成果转化中介服务短缺、平台载体需要尚薄、外部环境需要进一步优化等，又构成了工业设计服务与制造业融合发展需求端制约。为此，我们建议，提升上海工业设计服务供给的数量与质量，增强工业设计与制造业的横向联系与互动，充分利用互联网平台整合跨专业和跨单位的设计资料，推动“众包”等设计新模式。同时，加强工业园区与高科技产业园区的二次规划与建设，推动园区工业设计与制造业融合发展，依托虹桥商务区的贸易、会展和交通枢纽功能，建设上海工业设计产业的集聚区，作为上海设计之都的主要载体，为工业设计服务与制造业的融合发展创造更好的空间环境。

关键词：上海　工业设计　制造业　融合发展

* 基金项目：上海工业经济联合会委托项目，由上海制造业创意中心和上海社会科学院联合课题组联合研制。

** 作者简介：于辉（1972～），吉林长春人，上海社会科学经济研究所副研究员，经济学博士，研究方向：产业与城市发展战略、区域经济发展；左学金（1949～），江苏阜宁人，上海社会科学院原常务副院长，研究员，上海市政府决策咨询专家，研究方向：人口迁移与城市化等。

一、上海工业设计服务与制造业融合发展的背景与意义

（一）推进工业设计服务与制造业深度融合发展，是促进我国产业转型升级和跨越中等收入陷阱的需要

2015 年中央经济工作会议报告指出，随着外部需求收缩和国内传统消费需求饱和，大量传统产业出现严重产能过剩，存量供给远远超过市场需求；而随着居民生活水平提高，人们对各类消费需求的性价比、安全、质量等要求水涨船高，消费趋势也愈发向个性化、高端化、服务化方向发展，而有效供给却难以跟上。习近平总书记多次在讲话中也对经济发展新常态下的“速度变化、结构优化、动力转换”进行深刻剖析并提出要求。为此，深入推进供给侧结构性改革，增强供给结构对需求变化的适应性和灵活性，减少无效和低端供给，是转型期中国经济发展必须抓好的大事，是引领和适应中国经济发展新常态的重大创新和必然要求。

2020 年，中国人均 GDP 10504 美元，已经突破 1 万美元，按照世界银行人均 GDP 3956 美元到 12235 美元为中等收入经济体标准，中国尚未突破“中等收入陷阱”。2012 年，世界银行和中国国务院发展研究中心共同发布的《2030 年的中国：建设现代、和谐、有创造力的社会》报告指出：2008 年，1960 年的 101 个中等收入的国家和地区中，只有 13 个跨越了“中等收入陷阱”，成为高收入经济体。欧洲的希腊等 4 国，亚洲的有日本、韩国、新加坡、中国香港和中国台湾，还有 87% 的中等收入经济体没有跨越“中等收入陷阱”。亚洲成为高收入的经济体，通过文化创意产业和其他产业融合与创新，推动实现产业结构由中低端向中高端转换。这一特征也成为新兴经济体国家跨越中等收入陷阱、进入高收入经济体和现代化国家的重要标志之一。为此，工业设计服务业与相关产业融合发展，是中国全面增强国力的重大机遇。2010 年 7 月，中华人民共和国财政部、中华人民共和国工业和信息化部等中央十一部委联合出台《关于促进工业设计发展的若干指导意见》指出“工业设计产业是生产性服务业的重要组成部分”，明确了我国工业设计产业的定位。至此，工业设计服务与产业融合发展已经进入国家重大发展格局。

推进工业设计服务与制造业深度融合发展，是贯彻党中央和国务院供给侧结构性改革重大决策，促进产业结构转型升级的重大举措，也是助推中国跨越中等收入陷阱，全面增强综合国力的重大担当。

（二）推进工业设计服务与制造业的深度融合发展，是上海建设具有全球影响力的科技创新中心的重要抓手

2014 年 5 月，党中央提出，上海要加快向具有全球影响力的科技创新中心进军，上海要当好改革开放的排头兵、创新发展的先行者。要在科技创新驱动发展战略方面走在全国前头、走到世界前列。科技创新和产业变革需要动力和推力，将由创意和设计产生。推进工业设计与制造业等相关产业的深度融合发展，能够更好地以集聚创新人才、优化创新要素、协同企业创新合力等途径，最终实现工业设计研究成果产业化，推动经济发展动力转型。上海作为我国制造业的重要基地，推进工业设计服务与制造业的深度融合发展，是上海全面贯彻落实习近平总书记提出的“加快向具有全球影响力的科技创新中心进军”要求的重要抓手和必由之路。

（三）推进工业设计服务与制造业的深度融合发展，是重塑上海制造业新优势，促进工业设计服务领域延伸和模式升级，铸造上海经济新增长点的必由之路

长期以来，制造业一直是上海经济发展的主要支柱产业，在全市经济收入中占据着很大比重，上海的工业制造业企业也在逐步做大做强。在 2019 年的全球 500 强企业中，共有上海远洋海运集团有限公司、交通银行、中国宝武钢铁集团等 7 家总部设在上海的企业入围。但是从总体上看，由于多年来，制造业过度依赖资源和资金的投入，发展方式粗放，规模大而不强，在全球产业链分工中，很多企业仍处于加工、装配等低附加值环节，迫切需要向研发设计和品牌营销等价值链两端的高附加值环节延伸。

“十三五”期末上海人均 GDP 已突破 2. 3 万美元，上海未来发展面临土地和资源环境刚性约束将推动一般制造业向外加速扩散，大规模城市基础设施投资拉动增长的空间有限，上海产业发展存在断档减速的风险。重塑制造业新优势和大力发展服务经济对促进上海经济持续性和稳健性意义重大。工业设计与制造业深度融合发展，正符合传统产业自身转型的切实诉求，同时也必将带动整个制造业产品的升级换代，形成以设计为核心、制造为基础、关键元器件配套能力较强的制造业发展格局，以智慧引领重塑上海制造业发展新优势。工业设计与制造业产业融合发展的趋势也将为上海工业设计服务业的发展提供新的机遇。

二、上海工业设计服务与制造业融合发展面临的主要制约因素

上海工业设计与产业融合发展已经具备了一定的基础和条件，并且取得较好成

效。但从总的发展情况看，工业设计增速虽然较快，但工业设计成果转化应用不高，也缺乏如苹果、三星、华为等借助工业设计与制造业产业融合制胜的具有国际影响力的知名品牌与企业。通过调研、专家访谈内容梳理和文献研究，我们认为，上海工业设计服务与相关产业融合发展的制约因素包括供给侧与需求侧两个方面。

（一）工业设计服务与制造业融合发展的供给侧制约

1. 高校科研院所对工业设计成果转化缺乏积极性

主要原因包括以下几点：一是高校科研院所缺乏研究成果转化的激励机制。高校科研院所的科研考核体系重论文、专利，轻应用。研究成果的转化与否与自身的职称、福利待遇等各项制度脱节。二是政府科研立项缺乏成果转化的目标导向和约束机制。立项和成果评价方面，过于强调国际领先、国际前沿等指标，而不注重与生产实际相结合，甚至一些项目的立项背离市场实际需求，项目评价缺乏成果转化的指标考核，以及相应的激励政策和约束机制，从而形成科技成果转化率不高、无人问津的结局。三是研究成果转化的收益分配制度存在明显弊端。科研团队作为职务发明人，成果的处置权和使用权受限，在一定程度上影响成果持有单位和科研团队对成果转化的积极性。另外，股权激励政策的推行遇到障碍。

2. 独立的、面向全社会的工业设计企业数量较少

上海独立的、面向全社会的工业设计企业比较少，除了隶属于大型企业的设计中心外，大部分企业是自主创业型的小微企业或工作室。上海专业的设计公司只有200多家，主要集中在消费类工业设计领域，独立的研发设计公司偏少，特别是服务中小型企业的机械装备、仪表、汽车及零部件、家电、电子类产品和各类轻工产品等，装备制造设计水平有限。一些工业设计企业只专注改进外包装，涉及原理、结构、性能、工艺、材料和试验等实质性的设计改进或没能力跟进或忽视，产业化程度低。对于社会、经济的贡献度和推动作用层次不高。

3. 上海工业设计与制造业横向联系薄弱

推动工业设计与制造业融合发展，需要加强工业设计主体之间、以及工业设计的供给方与需求方之间的横向联系。许多产品的创新是跨专业跨单位协作的结果。但是在国有企业或国有资产主导的上海，设计机构与相关企业之间的纵向（或经向）联系较强，但是相互之间的横向联系较弱。这是因为，将设计机构与相关企业之间联结起来的组织，如行业协会或企业联盟发育不足。例如课题组曾去上海市某高校的工业设计系做调研，从事工业设计教学研究的教授就埋怨说，他们带领学生做出来的工业设计产品只是一个样子，难以投入实际应用，因为他们对于设计所需的新材料、新工艺了解有限，而且对他们来说，获取相关信息也比较困难。他们希望设计机构与相关

产业共同努力建立一个提供工业设计相关信息的互联网公共平台。

根据德国专家在上海的介绍，德国工业 4.0 特别强调创新的系统性与开放性，这是一些德国企业的薄弱环节。当然，这更是上海企业的薄弱环节。

上海工业设计与制造业横向联系薄弱的另一个表现是产业共性技术创新的主体缺位。改革开放后，上海计划经济时期形成的产业技术研究院转型为市场服务，但是由于缺少行业协会或企业联盟的介入，这类服务主要涉及个体企业技术的研发设计，很少涉及跨企业的共性技术问题。企业对共性技术的研发设计需求无法得到满足。

4. 上海工业设计基于互联网的新型平台发展相对滞后

在互联网等信息技术的推动下，目前美国等工业设计大国发展了许多基于互联网与大数据的设计平台，利用这些平台为工业设计的需求方寻找供给方，并充分动员各类潜在的、专业与非专业的设计供给方。目前上海虽然也有一些基于互联网的众包研发设计平台，但是从规模与影响力来看均未成气候，需要大力推动发展。

5. 上海工业设计企业或机构的空间布局分散，缺少规模经济

2010 年联合国教科文组织授予上海“设计之都”称号，但是目前上海工业设计企业或机构布局依然分散，缺少成规模的空间集聚，难以形成上海设计产业的品牌与扩大市场影响。

（二）工业设计成果转化的需求侧制约

企业是工业设计成果转化的需求方，但其是否有能力将工业设计成果应用于实际生产中，是工业设计成果转化的关键。目前，需求侧转化为现实生产力方面仍显不足。

1. 企业工业设计成果应用的动力不足

工业设计作为 R&D 活动的一种，由于设计专利产业化风险大，大部分企业没有资本实力，在一定程度上抑制了企业应用工业设计的积极性。上海经济的所有制结构中，中央与地方的国有资产占半壁江山（其余为外资与民营）。据上海市国资委统计，2019 年底上海地方国企资产总额累计资产总额 21 万亿元，体量庞大，且在技术、人才、资金等方面有一定优势。但由于国有企业的体制机制改革缓慢，以及国有企业高管评价体系方面存在的问题，造成国有企业更倾向于追求短期盈利目标，特别是垄断行业企业更缺乏技术创新的内在动力。不愿承担风险，创新动力不足，研发投入占销售收入的比例较低，有效需求不足。

2. 企业工业设计需求不明确

长期以来，我国经济发展模式粗放，主要依靠要素投入与产能扩张推动增长，多数企业对研发设计缺乏战略愿景和规划，产业发展预见性不强，缺乏明确提出工业设

计需求的能力。上海的工业设计公司大多为规模小的企业，大国企不屑于与小的设计公司进行合作。这些情况都对上海工业设计产业的健康发展产生了负面影响。

3. 企业推动工业设计成果转化的实力不足

受制于规模、基础、市场抗风险能力等因素，中小企业尽管有创新需求，但在缺乏外部资本和政策介入的情况下，应用工业设计成果的积极性普遍不强，即便少数企业有应用工业设计成果的意愿，也会由于缺少资金支撑或承担市场风险的能力不足而裹足不前。

（三）促进工业设计成果供需匹配的中介制约

促进工业设计服务与产业融合发展需要一个完善的工业设计成果转化市场，专业化的中介服务机构可以协助完成高校科研机构与企业、企业与企业间的供求信息沟通、成果有效推广等问题。调查访谈结果显示，目前，上海促进工业设计成果转化的专业化中介组织服务体系不健全，以专业化的中介服务组织体系推动工业设计成果转化存在一定的市场缺位，没有发挥应有的市场主体功能和效力，主要原因是：

1. 缺乏专业化程度较高的市场中介服务机构与工业设计成果转化服务队伍

目前，从事信息沟通的中介服务机构的政府背景过于浓厚，在体制上独立性差、依附性强，组织运行的市场化程度较低，无法有效行使市场服务职能。由于缺乏专业化程度高的市场中介服务机构，成果所有方和需求企业之间的信息沟通不够通畅，双方的资源及需求信息难以及时沟通了解。虽然一些供需双方已获得相应信息，并有沟通洽谈，由于缺乏有效项目评估机制和客观专业成果评估价值，导致双方分歧较大谈判失败。

发达国家工业设计成果转化的中介服务人员队伍专业化程度高。较好地推动了设计成果的转化。从事中介服务的人员，对企业技术需求以及经济情况都非常了解，都是工业、商业和研究领域专家，对技术转移的时势以及环境条件、技术需求能够比较准确的判断。如日本野村综合研究所、未来工学研究所等，100 人以上从业人员规模，学历层次都很高，一半左右的硕士、博士。与之相比，尽管近年来上海工业设计相关中介服务业从业人员不断增加，一些专业领域的专家和从业人员在不断充实到科技中介队伍中，但总体看很多从事中介服务的人员并不是专门的人才，影响了科技中介服务机构在服务主体中的评价和美誉度。

2. 政府在处理与中介之间关系上存在缺位与越位

近年来，各级政府对于工业设计成果转化与产业融合发展，重塑制造业等产业竞争优势工作高度重视。从支持科技中介机构的角度也出台了一些相关政策。这符合国家要求各级政府简政放权，充分调动和发挥社会组织的积极性和作用的政策导向。但是在实际运行中，对一些有资源有条件推动成果转化的工业设计中介服务机构支持不够，在处理与中介机构关系方面，尚存在越位与缺位现象。如上海市科协下属很多专业学会，这些学会拥有专业或行业领域的顶尖专家学者，拥有独特的专业或行业优势资源，可在相关领域的规划决策与成果转化方面发挥作用，但学会的专家优势与中介潜能迄今未能得到有效利用。一些完全可以由学会承担评定的项目权利也没有下放。此外，成立于 2012 年的制造业创意促进中心，依托科研院所与企业的研究团队，在制造业创意设计服务供给与需求市场积极推介优秀项目，为推动上海制造业与创意产业融合发展发挥了积极作用。但是迄今为止，支持制造业创意促进中心的政策措施尚未推出，直接或间接影响了中介服务机构在促进工业设计与产业融合方面作用的发挥。

（四）促进工业设计成果转化的平台载体的制约：促进制造业创意设计成果转化平台服务能力不强；载体建设需要进一步夯实

工业设计成果转化平台是工业设计资源的载体，可以成为促进资源集聚效应的大型资源库，成为产业融合的催化剂。上海近年来，尤其被联合国授予“设计之都”称号以来，比较注重促进工业设计成果转化的内容平台和载体建设。联合各类成果转化服务机构开展一系列产学研合作、成果商品化服务活动等，帮助企业加速科技成果及技术的有效转化和产业化。在载体扶持上，上海打造了一批以设计为主题业态的创意产业聚集区，形成了以工业设计为主题的上海国家工业设计中心，时装设计为主题的时尚谷、上海时尚产业园等聚集区。全市近 90 余家孵化器及相关园区，以苗圃、孵化器、加速器为单位开展一系列服务创业活动。尽管上海在平台内容和载体建设方面取得了较大进步，但是从平台和载体实际运行的总体情况看，还面临着一些现实的瓶颈问题。

1. 工业设计成果转化平台服务能力需要加强

各类机构尤其是政府资助的成果转化服务机构的工作平台尚未有机地结合起来，基本是条块分割，各自为政，各类机构都有自己的运作方式和发展目标，造成整个科技成果转化服务机构的建设和运作缺少统筹甚至重复投入，造成宝贵资源的非有效利用。平台的管理手段比较单一。整合、提升资源共享不够，通常是依靠承建单位来建设、管理平台，并没有充分利用区域内科研机构、高等院校、产业界相关领域的资源。甚至一些平台更多的是提供信息查询、信息发布、资料检索等浅层次的服务，平台的对外服务能力有待进一步加强。

2. 产业园区促进制造业创意设计成果转化的载体支撑尚需夯实

上海创意园区、上海独立的设计企业发展都较晚，上海在上层建筑导向上是力图通过产业园区实施全国范围内的工业设计企业聚集形成若干创新热点，借以成为制造业工业设计综合业务的有利环境，这尤其对于一些缺少设计部门构成的制造业企业具有重要意义。从园区的集聚效果看，目前一些园区缺乏明确定位和规划，园区企业几乎涵盖当今国际公认的绝大部分领域和形态，没有真正形成产业集群，一些园区对基础设施的投入重视远高于对软性服务的重视，导致缺少良好的配套服务，不利于工业设计成果的转化。此外，上海的产业园区还面临着土地成本高企、园区空间局限和土地非集约高效利用的问题，导致一些优质潜力工业设计企业入驻受阻。

3. 需要重视互联网众创空间平台的搭建

上海与国内其他城市相比，高昂的租金成本和运营成本一直被创业者所诟病，即使政府财政补贴也只是杯水车薪。互联网众创空间平台为工业设计与产业融合发展提供了可无限延展的虚拟空间，其核心是利用现代信息技术将志同道合的人、相关创新资源、配套支撑资源平台上实现有效连接。互联网众创空间平台正成为工业设计成果转化的重要渠道。国际上有很多先验成功案例，如荷兰的“阿姆斯特丹创业平台”（Start-up Amsterdam），绘制了技术城地图（Tech City Map），清晰地呈现这一地区内企业之间的联系，英国“硅盘”地区也构建了 Silicon Roundabout meet up 等相关网站，便于相关创造者及投资人及时沟通对接。国内深圳、杭州政府扶持力度大，已经形成创客咖啡等品牌，并有企业在资本市场成功上市。上海应该重视互联网众创空间平台的搭建，以众创空间平台推动工业设计创新资源、成果转化配套支撑资源等工业设计成果转化链上的局部或整体对接，推动整个产业体系的融合发展。

（五）促进工业设计成果转化的外部环境制约：促进工业设计成果转化的政策环境需要优化；制度设计需要进一步完善

1. 促进工业设计与产业融合发展的政策尚未深入企业主体

尽管上海市已经分别出台了促进工业设计发展和促进生产性服务业发展的指导意见等，然而其中的具体条款设置对产业内部实际供需关系的触动十分有限，大多数政策处于不计资源投入成本的愿景设想阶段，能够真正落地实施的操作路径还比较少。此外，政策的制定片面追求产业发展的规模化，没有认清工业设计产业的职能与特性，也因此难以真正惠及企业主体。政策的进一步细化与落地是当前政府在工业设计产业推进工作中的当务之急。

2. 中小企业的优惠政策不到位

从应用工业设计较为普遍的制造业领域来看，中小企业比重较大。这些企业运用工业设计手段开发产品，通常需要在一定程度上改变当前成熟产品的原材料结构、甚至现有的生产制造流程，其中涉及的研发成本和风险通常是中小型制造业企业不愿涉及或难以支撑的。以职业工业设计公司为代表的设计服务类企业同样也多为中小企业或微型企业，难以获得银行信贷，投融资渠道缺失，通常仅能依靠单一性的产品业务积累，难以实施战略性扩张。

3. 资金投入不足是影响工业设计成果转化的主要障碍

促进工业设计成果转化的社会资源多元投资的局面尚未形成。国外工业设计成果转化过程中，起关键作用的是风险投资。美国从事高新技术的中小企业50%在发展过程中得到风险投资支持。上海在国内创业投资属于比较集中的，但资本规模普遍小，初创期的企业投资力度小。在投资领域上，对真正科技创新成果转化支持不足。

4. 人才跨界合作难度大

人才资源是各行各业发展的关键。虽然上海产学研在全国处于较为领先的地位，但工业设计人才力量仍然比较薄弱，受制于上海特有的打分制人才引进户籍制度以及高校科研机构和企业之间人才由于制度限制不能双向流动，高职称和高学历的人才中小企业难以引进，企业自主创新能力必然受到制约。而高校科研机构的人才由于缺少企业实践，其研究实用导向也受到影响。

5. 知识产权保护不完善

相比较其他专业的科研成果而言，工业设计成果产业化过程中主要风险来自产品知识产权保护，需要政府和相关部门加强知识产权保护，维护市场秩序。

6. 工业设计成果转化处置审批环节多

在实践中存在事业单位科技成果相关管理制度不适应成果转化需要的情况，包括政府部门对成果使用、处置事项的审批环节多、周期长，影响了转化的时效性。

三、加快上海工业设计服务与制造业融合发展的对策建议

根据以上讨论，我们提出加快上海工业设计服务与制造业融合发展的政策建议，其中包括供给侧与需求侧的改革。我们建议相关的供给侧的改革包括提升上海工业设计服务供给的数量与质量，增强工业设计与相关产业的横向联系与互动，充分利用互联网平台整合跨专业和跨单位的设计资料，推动“众包”等设计新模式的发展。

（一）深化工业设计服务与制造业融合发展的供给侧改革，增强上海工业设计水平与成果转化能力

1. 增强高校与科研院所参与工业设计与成果转化的经济激励

高校与工业设计有关院系与专业设计院所是工业设计服务的重要供给方。第一，

要深化高校与科研院所机制体制改革，增强这些单位参与工业设计与实现成果转化的激励机制。要改革完善高校与科研院所的科研成果考核评价体制。提高工业设计成果及其转化在职称及关联待遇的权重，形成高校科研院所积极促进工业设计成果转化的正向激励。第二，形成科研项目成果转化的约束机制。同时，政府设立科研项目要尽量减少随意性，增强科学合理性，以符合市场真实需求。第三，要落实股权激励政策。第四，要鼓励高校和科研院所科技人员在完成本单位布置的各项工作任务前提下在职创业或参与自己感兴趣的工业设计项目，其收入原则上归个人所有。

2. 增加上海工业设计企业的数量，提升其水平与市场影响力

加大力度扶持培育与上海产业结构相适应的专业工业设计机构。目前与北京（尤其是中关村）与深圳相比，上海工业设计机构数量与影响力已有一定差距。提升上海工业设计企业的水平和影响力，应增加上海工业设计企业数量，同时，要为工业设计企业，尤其小型工业设计企业在上海的发展创造更好的政策环境。政府的扶持政策可包括设立技术开发基金、将工业设计成本作为研发投入冲减企业税费等；鼓励建立企业孵化器，提供有利于中小企业发展创意经济的良好生存空间和政策环境，在原有扶持科技企业的基础上，更加广泛地渗透到各种工业设计特别是制造业创意产业之中。

对于国有设计企业，可以借鉴其他国家的经验，开展合伙人制度试点，进一步完善这些企业的激励机制和市场竞争能力。为了鼓励工业设计企业的发展，在使用财政经费建设项目的招标采购中，要优先使用本土设计企业提供的服务。要消除对中小设计企业的歧视，让他们有更多参与公平竞争的机会。

（二）加强中介服务，强化各类设计企业之间、设计企业与相关产业之间的横向联系

1. 鼓励工业设计企业行业组织与企业联盟的发展

目前上海各类设计企业之间，以及设计企业与相关产业之间的横向联系比较薄弱，需要加强不同企业、产业之间，以及产学研银之间的横向联系，鼓励不同主体间的信息交流互动，并在交流互动中增强工业设计企业创新能力。工业设计行业组织与企业联盟可以在加强企业之间的横向联系中发挥重要作用。

2. 支持各类工业设计成果转化中介服务机构发展

要培育更多中介性的“促进产业化平台”。这类平台也是制造业产业链的一大部分。可以由政府、中介或企业共同投资组建，由政府会同各创意产业园区共同搭建。政府设立专项资金，支持对促进高新技术成果转化或发展高新技术企业有重大贡献的科技中介机构。激发中介组织活力。转变政府职能，把可以由中介组织承担

的工作通过竞争性选择方式交由中介组织承担。通过政府购买服务来支持中介组织。首先从尽快支持制造业创意促进中心发展的具体政策以及科协下放项目资质认定给科协学会做起。

3. 支持互联网众创空间，以互联网 + 促进工业设计与产业融合发展

在互联网等信息技术的推动下，出现了众包、众创等工业研发与设计新模式。这些新模式为充分动员社会各界与各学科专业的潜在研发设计资源，以及将工业研发设计的供给与需求更直接地衔接起来提供了新的空间。目前上海众包等工业设计新模式的发展还相对滞后，需要为这些新模式的发展创造更好的政策环境。要进一步完善鼓励互联网众创空间发展的相关政策与投融资机制。

4. 在上海组织与召开两年一度的世界工业设计大会

借鉴浙江乌镇成功召开世界互联网大会的成功经验，建议上海研究策划召开世界工业设计大会，邀请国内外著名工业与建筑设计企业与专家来上海开会，讨论工业设计领域的重大前沿问题，未来发展趋势和政府相关政策选择。会议的筹备应该是开放型的，欢迎国内其他城市（如北京、深圳等）的企业、组织、团体一起来参与会议的筹备。让会议成为讨论工业设计问题，促进工业设计发展的世界论坛。

（三）深化国有企业改革，培育和扩大对研发设计服务的需求

1. 深化国有企业改革，增强国有企业对工业设计与产业融合的内在需求

如前所述，国有企业在上海经济中占有半壁江山，但是由于国有企业特有的所有制结构与企业治理结构，缺少创新激励与动力，缺少关注企业长期发展的创新精神与企业家精神，更倾向于关注企业的短期的平稳发展。这种情况显然不利于上海扩大对工业设计服务的需求，以及推动工业设计与相关产业的融合发展。为此，上海需要进一步深化国有企业改革，推进混合所有制改革与企业治理结构的改革，延长企业高管的任期，改革对他们的考核办法。只有这样，才能为工业设计与相关产业的融合发展创造更多的市场需求。

2. 重视共性技术研发设计

如前所述，工业设计与相关产业的融合发展需要加强工业设计主体与相关产业主体的横向联系与互动，以及官产学研等各方面的联系与互动。行业协会或企业联盟可以整合单个企业对共性技术研发设计的需求，形成企业抱团分担共性技术研发设计的成本，分享共性技术研发设计的成果，推动工业设计与相关产业的融合发展。如果缺少企业抱团的组织形式，仅仅依靠单个企业，尤其是单个中小企业，这种潜在的需求往往难以实现。

（四）为工业设计服务与制造业的融合发展创造更好的空间环境

1. 加强工业园区与高科技产业园区的二次规划与建设，推动园区工业设计与产业融合发展

目前上海中心城区物业成本高企，一般工业设计企业，尤其是初创的小型工业设计企业难以立足。工业设计企业发展的一个重要空间是上海市域范围内的各类工业园区与高新技术产业园区。但是目前这些工业园区或产业园区通常是生产功能主导，缺少相关营销、餐饮、住宿、社交等配套功能。这种情况在很大程度上与我国土地利用制度相关。由于上述园区的土地一般属于"工业用地"，所以对园区混合功能的规划建设带来制度约束。这种情况，显然也不利于上海工业从加工装配向研发设计与品牌营销等价值链高端转型，不利于上海工业设计服务与相关产业的融合发展。

为此，建议加大上海园区土地利用制度的改革，将园区的"工业用地"转变为"综合用地"。园区内综合用地允许将不同土地的用途混合，实现生产、研发设计、营销，以及居住、餐饮等各类生活服务功能的垂直混合或水平混合；强调规划单元理念，实现各规划单元内城市基础设施与公共空间的规划开发与运作。可以充分借鉴新加坡园区土地用途的垂直混合，台湾新竹园区鼓励提高容积率的做法。要鼓励用地企业实行土地用途的转变，允许其分享土地用途转变的收益，园区与政府可以从土地产出率的提高、相应的税收增加和城市基础设施规模经济效益的提升中获益。

2. 依托虹桥商务区的贸易、会展与交通枢纽功能，在虹桥商务区西部地区规划建设上海工业设计中心

2010 年联合国授予上海"设计之都"称号后，在上海形成了一些有影响的设计产业集聚区。如位于上海市宝山区逸仙路 3000 号的由上海汽车工业（集团）总公司与中国工业设计协会等和宝山区人民政府联合打造的上海国际工业设计中心，是目前上海唯一以工业设计为主题的创意园区。此外，还有一些依托高校科研资源形成的设计产业集聚区，如"环同济研发设计服务特色产业基地"。上海市经济和信息化委员会、长宁区人民政府、东华大学合作规划建设的"环东华时尚创意产业集聚区"等。除此以外，上海大量的高新技术产业园区与创意园区都形成了一定程度的工业设计机构集聚。但是总体上来看，上海工业设计产业尚未形成较大规模的空间集聚，从而难以吸引国内外一流设计企业的集聚和扩大上海工业设计的市场影响力。

为此，我们建议上海依托虹桥商务区的贸易、会展和交通枢纽功能，建设上海工业设计产业的集聚区，作为上海设计之都的主要载体。具体选址可考虑在虹桥商务区以西、青浦城区以东区域。这一方案的好处是土地开发成本较低，空间回旋余地较

大，可以依托青浦城区的基础设施并在原有基础上进一步发展完善。建设用地指标可通过农村零星建设用地的空间集中来获得。上海工业设计中心可以邀请国内外设计企业，以及高校的工业设计院系在此落户，可以成为上海工业设计为长三角制造业转型升级服务的窗口，可以成为高校工业设计与相关专业的教学研究人员参与研发设计与开展人员培训的基地。

Research on the Integrated Development of Industrial Design Service and Manufacturing Industry in Shanghai

Yu Hui　Zuo Xuejin

Abstract: Rebuilding new advantages of manufacturing and strongly developing service economy are of great significance to Shanghai's economy sustainability and stability. The deep integrated development of industrial design and manufacturing serves conventional industries' practical transformation demands and will consequently lead the product upgrades and cycles, resulting in the new advantages of Shanghai's manufacturing development. Nowadays the integrated development of Shanghai's industrial design services and manufacturing is faced with many supply side constraints coming from universities' and science and research institutions insufficient initiative of commercialization of scientific findings, the inefficiency of industrial design enterprises independently facing society, the weakness of lateral cooperation with manufacturing enterprises, the lack of the innovation entities of industrial common techniques, and the stagnation of novel platforms based on internet. Furthermore, the enthusiasm and strength of commercial application of industrial design research findings are insufficient; the supply and demand of industrial design are incompatible; professional agencies for commercialization of scientific findings are insufficient; platform carriers are few; external environment needs to be further optimized, and others, forming the demand constraints of the integrated development of industrial design services and manufacturing. Therefore, we propose improving the supply quantity and quality of Shanghai's industrial design services, increasing lateral contact and cooperation of industrial design with manufacturing, fully applying internet platforms' trans-disciplinary and trans-unit design materials to push forward novel "public-package" design mode. Meanwhile, we should strengthen the second planning and construct industrial and high-tech industrial parks, pushing forward the integrated development of industrial parks' design and manufacturing. We should construct Shanghai's intensive industrial design industry area as design capital Shanghai's main carrier relying on the pivotal functions of trade, exposition and transportation of Hongqiao commercial area, creating better environment for the integrated development of industrial design services and manufacturing.

Keywords: Shanghai Industrial design Manufacturing Integrated development

制造业高质量发展目标下中部地区工业竞争力评价研究*

胡学英**

摘　要：制造业是立国之本、兴国之器、强国之基，是现代化经济体系的重要着力点、国际产业竞争博弈焦点和经济深层次结构性矛盾的主要释放点。推动制造业高质量发展是推动经济高质量发展的主要抓手。文章以中部地区为研究对象，构建了一个包含现阶段工业竞争实力、高质量工业竞争潜力、工业竞争环境三个方面的综合评价指标体系，以及一个包含现阶段工业竞争实力的工业行业评价指标体系，用来评价2011~2017年中部六省的工业竞争力变化情况。通过结果分析找到中部工业发展存在的问题。提出以下政策建议：要明确高质量阶段的工业方向，扩张规模提升质量；把握新时代工业发展机遇，提高企业经济效益；重点发展技术密集型工业，推动工业结构转型；坚持创新引领加快产业集聚，积累工业发展潜力；完善工业信息化支持环境，全力支持两化融合。

关键词：制造业高质量　工业竞争力　中部地区

工业是立国之本、兴国之器。自中部地区崛起政策推出后，中部工业实现了显著增长，在全国占据越来越重要的地位。在高质量发展和步入制造强国的关键阶段，中部地区迎来了引领我国经济增长实现加速崛起的新时期，2019年5月21日，习近平总书记在南昌市召开的推动中部地区崛起工作座谈会中要求“中部地区应该积极推动制造业高质量发展，主动融入新一轮科技和产业革命，加快数字化、网络化、智能

* 基金项目：2020年江西省社科规划一般项目《江西融入新一轮技术革命推动制造业高质量发展产业政策研究》（20YJ06）。

** 作者简介：胡学英（1984~），女，江西泰和人，中共江西省委党校副教授，博士，研究方向：产业经济，农村经济。Email：amy－hxy@163.com。

化技术在各领域的应用，推动制造业发展质量变革、效率变革、动力变革”①，而工业竞争力正是一个区域竞争力和地位的核心体现。因此，面对重要的经济发展机遇，中部地区应该从工业入手谋进步、促崛起，在把握工业竞争力现状的基础上找到发展亮点、问题及突破口，进而提出具有针对性的政策建议，推动中部高质量工业建设、建立健全现代化经济体系，为国家中部崛起战略服务。

整体而言，中部地区处于工业化后期的前半阶段，向上承接了东部地区的产业转移，向下承担了带动西部地区经济共同发展的任务，是我国重要的经济腹地和工业基地。当前中部六省工业发展程度各异，产业竞争激烈，各省均制定相应的政策，调整工业结构，对传统产业进行集约式绿色改造，大力支持高新技术产业发展，以期在高质量发展阶段提升地区工业竞争力。因此，在宏观把握中部地区工业发展现状和特点的基础上，运用线性加权法从纵向综合比较和横向产业比较两个角度客观评价中部六个省份的工业竞争力，从而更精准把握中部地区未来工业发展路径，更合理提出提升中部工业竞争力、实现高质量发展的对策建议。

一、工业竞争力评价指标体系构建

（一）指标选取依据及原则

波特（Porter）于1990年提出的“钻石模型”是研究产业竞争力的首要代表，其核心内涵是指决定一个国家某一产业竞争力的包含生产要素、需求条件、相关和支持产业表现及企业情况四个因素，各个因素之间均具有双向作用，从而形成了类似“钻石”的体系。尽管“钻石模型”是针对国际竞争力评价提出的，但其稳固的分析框架和完整的分析体系被学术界广泛借鉴、采纳和创新沿用，适用区域企业竞争力评价的“星形模型”也是基于“钻石模型”提出的。在“星形模型”中，区域企业竞争力由贡献竞争力、规模竞争力、营运竞争力、获利竞争力及创新竞争力五个要素构成，涵盖了基础竞争力、现时竞争力和潜在竞争力三个方面的内容，五个要素相辅相成，在协同发展的条件下才能推动竞争力的提升。区域工业产业竞争力是多个因素合力作用的结果，既包括微观层次上的企业竞争力，也包括宏观层次上的产业竞争力。因此结合两个模型的优势，从竞争实力、竞争潜力、竞争环境三个方面对中部六省的工业竞争力进行全面的评价，将“钻石模型”和“星形模型”中合理的指标要素纳

① 新华社．习近平在江西考察并主持召开推动中部地区崛起工作座谈会［EB/OL］．中国政府网（2019-5-22）［2021-8-20］，www.gov.cn.

入其中，适当进行融合与扩展。具体的指标选取原则如下。

第一，科学性原则。构建指标体系需要首先具备科学性，即在充分反映工业竞争力内涵的基础上，融合高质量发展的要求和内在机制，以科学的视角选取具有明确含义和针对性的指标，按客观数据设置权重，最终形成体系。

第二，可行性原则。为确保数据可得且可比，构建指标体系时需要着重考虑可行性原则。选取指标一方面需要保证概念含义清晰、来源可靠且易得、计算公式合理以及符合经济学或管理学理论；另一方面从官方统计资料中获取数据时要确认统计指标和规则是否统一，以保障数据的可比性及客观性。

第三，定性与定量相结合原则。定量是指以客观数据来反映事实的原则，而定性是指剖析研究对象“本质”方面内容的原则。一般来说，纯数据分析的方法具有极大的局限性，往往使结论浮于表面，而纯理论的分析则缺乏有力的论据支撑。因此在构建指标体系时需要满足定性与定量相结合的原则，保证数据背后有含义、数据结果有意义。

第四，系统性和代表性相结合原则。系统性是指标体系既能全面覆盖又具备层次性，各指标之间相互联系又相互独立。代表性是指标体系既能保证关键因素在其中起决定性作用又不因高度概括而缺失准确性和针对性。因此，选取指标需要将系统性与代表性相结合，全面准确地反映中部六省现阶段和高质量阶段的工业竞争力状况。

（二）指标体系构建及说明

竞争实力是指现阶段已形成的现实竞争力，宏观上包括规模实力及社会贡献两个方面，微观上包括企业运营的经济效益和市场实力两个方面；竞争潜力是指目前已投入或形成的能使区域工业产业在高质量发展阶段增强竞争优势的潜在竞争力，宏观上包括工业结构转换能力，微观上包括企业技术创新潜力及绿色发展潜力两个方面；竞争环境是指包含拥有或建成的资源及设施等在内的能提升本地工业竞争力的有利条件，宏观上包括人才、资源、基础设施及信息化支持四大方面，前三者为支撑工业发展的必要因素，而信息化条件为工业实现高质量发展的关键因素。

根据指标选取原则，从上述 11 个方面共选取了 29 个指标，能较为全面综合地反映中部六省的工业竞争力综合水平。具体评价指标体系及说明见表 1，其中涉及工业企业的指标均指规模以上工业企业（经国务院批准，自 2011 年起纳入规模以上工业统计范围的工业企业起点标准为年主营业务收入 2000 万元）。

表 1　　中部地区工业竞争力综合评价指标体系

一级指标	二级指标	三级指标	单位
现阶段竞争实力	规模实力	工业增加值	亿元
		工业企业数量	家
		主营业务收入	亿元
		资产合计	亿元
	经济效益	总资产贡献率	%
		全员劳动生产率	元/人
		成本费用利润率	%
	市场实力	市场份额	%
	社会贡献	就业吸纳率	%
		税收贡献率	%
高质量竞争潜力	技术创新潜力	R&D 人员全时当量	人年
		R&D 经费内外部支出	万元
		有 R&D 活动企业占比	%
		有效发明专利数	件
	绿色发展潜力	工业固体废弃物综合利用率	%
		单位工业增加值废水排放	万吨/亿元
	结构转换潜力	非国有企业占比	%
		高新技术企业工业产值占比	%
		新产品销售收入占比	%
工业竞争环境	人才支持环境	普通本专科高校数量	所
		本科毕业生人数	人
		中等职业机构毕业人数	人
	资源支持环境	人均水资源	立方米/人
		人均发电	千瓦小时/人
	基础设施支持环境	公路密度	公里/万平方公里
		铁路密度	公里/万平方公里
	信息化支持环境	长途光缆密度	公里/万平方公里
		移动电话交换机容量密度	户/平方公里
		互联网接入端口密度	个/平方公里

二、评价方法及数据来源

（一）熵权法确认权重

多指标评价体系往往因为指标性质不同、量纲不一而在数量级上有较大的差距，直接使用原始数据进入模型处理会突出高数量级的指标，使得结果由单一元素决定，而非综合评价。为保证研究具备可靠性及科学性，在确认权重之前需要首先对指标数据做标准化处理，将数据按比例缩放从而消除量纲影响。这里采用 min - max 标准化方法，具体变换公式为：

正向指标：

$$x'_{ij} = \frac{x_{ij} - \min\limits_{1 \leqslant i \leqslant n}(x_{ij})}{\max\limits_{1 \leqslant i \leqslant n}(x_{ij}) - \min\limits_{1 \leqslant i \leqslant n}(x_{ij})} + 0.001 \tag{1}$$

负向指标：

$$x'_{ij} = \frac{\max\limits_{1 \leqslant i \leqslant n}(x_{ij}) - x_{ij}}{\max\limits_{1 \leqslant i \leqslant n}(x_{ij}) - \min\limits_{1 \leqslant i \leqslant n}(x_{ij})} + 0.001 \tag{2}$$

式中，x_{ij}表示第 i 个评价地区第 j 个指标的原始数据，x'_{ij}为标准化值，n 为评价地区的总数量。这里为方便熵权法计算，将标准化值平移了微小单位 0.001。

一般而言，确认指标权重的方法主要分为主观法和客观法两种。主观法包括专家调查法（Delphi 法）、层次分析法（AHP 法）等，此类方法主要基于决策者或行业专家的知识及经验来判断指标重要性程度，从而确定各指标权重。目前主观法发展较为成熟，要求各专家意见基本统一，但由于较强的主观性，主观法存在灵活性较差、结果准确性不佳、使用难度较大的问题。客观法具有客观性与适应性兼具的优点，适用于大多数的评价问题研究，因此这里选取基于信息熵原理客观赋权的熵权法确认权重。熵的理论最早是由香农（Shannon）从热力学引入信息论的，信息熵表示当某项指标熵值越小，即指标值变异程度越大时，包涵和提供的信息量就越多，因而相应的权重应该越大，反之则越小。在多指标综合评价的实际运用步骤如下：

首先计算第 i 个评价地区第 j 个指标标准值的比重：

$$r_{ij} = \frac{x'_{ij}}{\sum\limits_{i=1}^{n} x'_{ij}} \tag{3}$$

其次计算第 j 个指标的信息熵值：

$$e_j = -\frac{1}{\ln n}\sum_{i=1}^{n} r_{ij}\ln r_{ij} \tag{4}$$

最后确认第 j 个指标的熵权：

$$w_j = \frac{(1-e_j)}{\sum_{j=1}^{m}(1-e_j)} \tag{5}$$

式中，m 为指标数量。为能客观比较不同年份之间的变化，采用不同年份取不同权重值的改进熵值法。表 2 所示为一级指标的权重计算结果。由于数据缺失，2011 年社会贡献一级指标权重计算时不考虑税收贡献率二级指标。

表 2　　工业综合竞争力评价体系权重值

一级指标	二级指标	权重 w_{2011}	权重 w_{2013}	权重 w_{2015}	权重 w_{2017}
现阶段工业竞争实力	规模实力	0.134	0.128	0.116	0.113
	经济效益	0.114	0.066	0.089	0.110
	市场实力	0.038	0.032	0.027	0.028
	社会贡献	0.026	0.068	0.068	0.068
高质量工业竞争潜力	技术创新潜力	0.121	0.143	0.138	0.106
	绿色发展潜力	0.066	0.049	0.065	0.059
	结构转换潜力	0.125	0.092	0.090	0.084
工业竞争环境	人才支持环境	0.110	0.121	0.116	0.121
	资源支持环境	0.084	0.103	0.099	0.085
	基础设施支持环境	0.080	0.088	0.081	0.078
	信息化支持环境	0.104	0.111	0.111	0.147

（二）综合指数法

为反映中部各省 2011～2017 年工业发展的纵向变化情况，采用综合指数法进行评价。综合指数法原本是根据行业标准值计算出一个地区经济效益综合值从而评价当年当地工作质量变化的方法。进行一定改进后，用选定年份的数据来代替行业标准值，以反映今后年份的工业经济增长变化情况。公式如下：

$$D_t = \left(\sum_{j=1}^{m}\frac{x_{ij,t}}{x_{ij,2013}}w_{j,2013}\right)\cdot 100 \tag{6}$$

其中，D_t 为第 t 年工业竞争力较 2013 年的相对增长变化指数，指数越大，表明增长速度越快，变化越大。由于2011年缺乏税收贡献率指标，为实现综合比较选用2013年的数据作为基期标准值。若用标准化后的数值做比较会出现0.001作除数使得结果偏大的情况，因此选取原始数值做比较，负向指标作倒数处理。

（三）综合竞争力模型

根据指标体系和权重，利用线性加权法构建工业产业综合竞争力评价模型。公式如下：

$$F_t = \sum_{a=1}^{3} q_{a,t}\{\sum_{b=1}^{v} w_{ab,t}(\sum_{j=1}^{b} p_{bj,t}x'_{ij,t})\} \tag{7}$$

式中，F_t 为第t年的工业综合竞争力评价指数，$q_{a,t}$是指第t年第a个一级指标的权重，$w_{ab,t}$是指第t年第a个一级指标中第b个二级指标的权重，$p_{bj,t}$是指第t年第b个二级指标中第j个三级指标的权重。F_t 越大，工业竞争力越强。

（四）数据来源

研究使用数据大多来源EPS数据库和2012～2020年的中部六省统计年鉴。市场份额指标中2011～2015年的数据出自《中国工业统计年鉴》，2017年比较数据从全国31个省份《统计年鉴》中提取并加总得到；税收贡献率数据来自《中国财政年鉴》，其中2011年的数据有缺失；技术创新潜力二级指标中所有三级指标及结构转换潜力中的新产品销售收入数据均来自《中国科技统计年鉴》；绿色发展潜力二级指标中所有三级指标2011～2015年数据来自《中国环境统计年鉴》，2017年数据出自各省份《统计年鉴》；高新技术企业工业产值数据来自《中国火炬统计年鉴》。

三、工业综合竞争力评价

（一）中部六省工业竞争力纵向变化

表3所示，江西省增长变化幅度最大，其次为安徽省，河南、湖北、湖南三省组成第二梯队，增长较为平稳，而山西省不仅增速最小且成为中部六省中唯一出现过工业竞争力下降的省份。细化指标来看，中部地区现阶段工业竞争实力的增长幅度较小，而高质量工业潜力和工业竞争环境的增长幅度较大，其中技术创新潜力和信息化支持环境进步成为增长的主要来源。可见近几年中部地区高度重视工业创新及两化融合，为实现工业转型升级和高质量发展做准备。各省具体纵向变化情况如下：

表 3 中部六省 2015 年、2017 年相对增长指数

指标	基数	山西		安徽		江西		河南		湖北		湖南	
		D_{2015}	D_{2017}	D_{2015}	D_{2017}	D_{2015}	D_{2017}	D_{2015}	D_{2017}	D_{2015}	D_{2017}	D_{2015}	D_{2017}
现阶段工业竞争实力	**29.43**	**22.71**	**31.57**	**31.07**	**33.03**	**32.26**	**35.23**	**30.30**	**32.02**	**30.87**	**31.50**	**30.19**	**31.68**
规模实力	12.81	11.43	13.35	14.58	16.10	15.48	17.18	14.91	16.22	14.56	15.24	14.15	15.73
经济效益	6.62	3.03	8.70	6.05	6.31	6.58	7.05	5.58	6.05	6.38	6.77	6.30	6.61
市场实力	3.21	2.25	3.02	3.50	3.73	3.69	4.16	3.70	3.91	3.43	3.20	3.34	3.51
社会贡献	6.79	6.00	6.50	6.95	6.88	6.51	6.85	6.11	5.84	6.50	6.29	6.40	5.82
高质量工业竞争潜力	**28.39**	**28.38**	**37.21**	**35.36**	**49.12**	**34.24**	**57.98**	**31.91**	**43.46**	**34.75**	**46.48**	**36.12**	**47.71**
技术创新潜力	14.28	14.74	19.82	20.51	30.10	19.78	36.38	18.56	25.13	19.86	27.09	20.16	26.54
绿色发展潜力	4.87	4.18	5.56	5.10	7.20	4.85	5.97	5.05	9.23	4.98	7.29	5.59	10.07
结构转换潜力	9.24	9.46	11.82	9.75	11.82	9.60	15.63	8.29	9.10	9.91	12.09	10.37	11.09
工业竞争环境	**42.18**	**44.26**	**49.91**	**52.85**	**56.36**	**51.57**	**54.89**	**48.62**	**55.89**	**47.79**	**52.77**	**46.38**	**50.55**
人才支持	12.06	11.69	11.53	12.90	11.90	11.78	10.66	11.11	10.80	10.13	9.88	11.42	11.33
资源支持	10.29	8.62	10.49	12.89	12.83	12.73	12.61	11.34	14.27	11.77	13.75	10.94	10.94
基础设施支持	8.76	10.38	10.72	9.96	10.49	10.25	10.81	9.15	9.55	9.43	9.91	9.41	9.70
信息化支持	11.07	13.58	17.17	17.10	21.14	16.81	20.81	17.02	21.28	16.47	19.23	14.61	18.58
合计	**100**	**95.35**	**118.68**	**119.29**	**138.51**	**118.07**	**148.10**	**110.83**	**131.38**	**113.42**	**130.75**	**112.70**	**129.93**

山西省：山西省工业发展不稳定，综合竞争力从2013年到2017年是一个“先落后起”的经历，增长速度缓慢。

安徽省：安徽省综合工业竞争力增长迅速，其中工业环境为支撑增长的关键因素，同时工业潜力所有指标均实现了连续增长，面向高质量发展阶段，安徽重点突破结构升级。

江西省：江西省工业综合竞争力增长迅速，突出表现在2015～2017年，这一时期贯彻了以创新为根本出路的发展思想，工业产业进步显著。

河南省：河南省工业竞争力增长缓慢，近两年有所加速，但技术创新和结构转换能力不足将成为主要的发展障碍。

湖北省：湖北省工业综合竞争力增长速度平缓，但近两年有增速的趋势，人才流失问题是主要发展障碍。

湖南省：湖南省总体工业竞争力增长较慢，主要来源于工业环境建设方面的相对滞后，但高质量发展潜力的增长属于中高速水平。

（二）中部工业综合竞争力评价

运用线性加权法，对2011～2017年中部六省的工业综合竞争力进行评价，结果如表4所示。根据得分情况，2017年中部工业综合竞争力排名依次为河南省、安徽省、湖南省、湖北省、江西省、山西省。从2011年到2017年，排名始终保持不变的省份有：河南省稳居中部第一，安徽省守住中部第二。其余省份的情况分别为：山西省自2015年下降一个位次后始终处于中部垫底位置；江西省2015年取代山西省向前进位了一个位次，目前保持了中部第五的位置，江西工业成长迅速，与山西省的差距在逐渐拉大；湖北省和湖南省之间的发展差距较小，二者竞位情况较为激烈，2011年湖南省排名第3，湖北省排名第4，2013年排名互换，2015年保持了2013年的排名情况，2017年湖南省再次超越湖北省位居第三，湖北省暂居第四。中部六省工业综合竞争力的各一级指标评价结果如下。

现阶段工业竞争实力：2017年中部六省现阶段工业竞争实力排名为：河南省、江西省、安徽省、湖北省、湖南省、山西省。表5所示，2011年、2013年、2015年及2017年这四个间隔时间断点上河南省和山西省始终分别位居中部第一和第六的位置。河南省工业实力突出且四个时间点上得分变动较小，表明中部工业激烈的竞争形势对河南影响较小，现阶段工业竞争实力的雄厚是河南工业综合竞争力稳居中部第一的重要原因。而山西省工业实力不仅在中部垫底且得分有所下降，表明山西受到的竞争挤压较大。江西省排名上升较快，虽然2013年下降一位成第五名，但2015年得分上涨缩小了与其他省份的发展差距，2017年一跃连升三个位次位居中部第二，纵向变

表 4　中部六省工业综合竞争力评价结果

省份	2011 年		2013 年			2015 年			2017 年		
	得分	排名	得分	排名	排名变化	得分	排名	排名变化	得分	排名	排名变化
山西	0.008	5	0.008	5	—	0.007	6	↓1	0.006	6	—
安徽	0.019	2	0.020	2	—	0.023	2	—	0.022	2	—
江西	0.006	6	0.006	6	—	0.009	5	↑1	0.010	5	—
河南	0.026	1	0.027	1	—	0.025	1	—	0.028	1	—
湖北	0.015	4	0.017	3	↑1	0.016	3	—	0.014	4	↓1
湖南	0.016	3	0.016	4	↓1	0.016	4	—	0.014	3	↑1

表 5　中部六省现阶段工业竞争实力排名变化情况

省份	2011 年		2013 年			2015 年			2017 年		
	得分	排名	得分	排名	排名变化	得分	排名	排名变化	得分	排名	排名变化
山西	0.008	6	0.007	6	—	0.006	6	—	0.006	6	—
安徽	0.012	3	0.012	2	↑1	0.016	2	—	0.012	3	↓1
江西	0.011	4	0.008	5	↓1	0.013	5	—	0.018	2	↑3
河南	0.029	1	0.023	1	—	0.021	1	—	0.022	1	—
湖北	0.010	5	0.012	3	↑2	0.013	4	↓1	0.011	4	—
湖南	0.013	2	0.012	4	↓2	0.013	3	↑1	0.010	5	↓2

化上江西省工业实力指标指数增长同样领先中部，表明江西工业实力的迅速增长顺利推动了综合工业竞争力的上位。安徽省 2013 年上升一名至第二名，但 2017 年又回落到第三的位置，工业竞争实力在后期出现增长瓶颈。湖北省 2013 年工业实力在中部六省中排名第三，但 2015 年下降了一个位次，湖南省 2013 年排名第四，2015 年险胜湖北上升了一个位次，但 2017 年又下降至中部第五，可见湖北省和湖南省在工业实力上的竞位仍然比较激烈，但受到中部其他省份赶超的影响，二者目前均处于中部中下游水平。

图 1 所示为 2017 年中部六省工业在规模实力、经济效益、市场实力和社会贡献上的竞争力评价结果。河南省重工业基础良好，是我国重要的能源和材料加工基地，传统产业的优势较大。图中可见河南规模实力和市场实力处于中部领先的位置，且与

其他省份差距较大，是河南工业竞争实力保持中部第一的主要支撑因素，但 2011 ~ 2017 年经济效益及社会贡献上的竞争优势有所减弱。

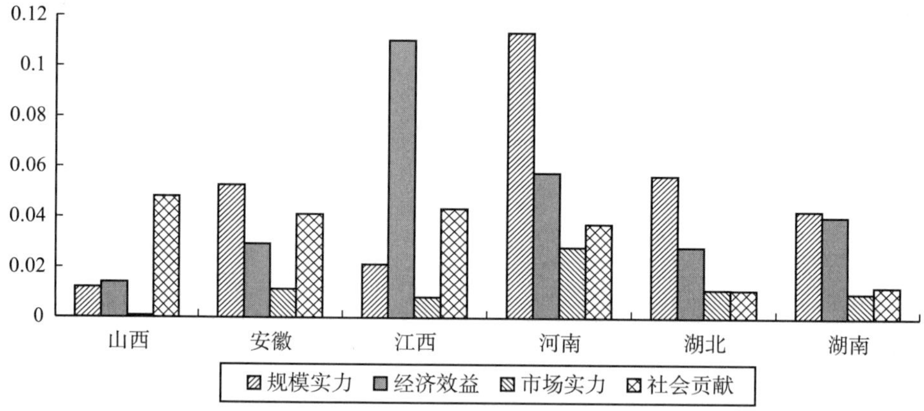

图 1　2017 年中部六省现阶段工业竞争实力各二级指标评价结果

安徽省规模实力发展较快，赶超势头强劲，2017 年上升至中部第三的水平，有力推动了竞争实力一级指标的向上竞位。相较之下市场实力表现较为稳定，2017 年竞争力得分仅低于河南省，但经济效益指标呈现出波动下降的趋势，企业经营和盈利能力是阻碍工业实力增长的主要问题。

山西省产业结构较为单一，无论在规模实力还是市场实力指标上都不具备竞争优势，导致工业实力显弱。经济效益指标得分原本高于湖北省和安徽省，但受到外部环境和市场竞争影响，2013 年山西省经济效益一蹶不振，此后始终不能缩小与其余省份之间的差距。与经济效益指标相反，社会贡献指标自 2013 年起便一跃成为中部第一，表明山西省经济发展对工业的依赖性较高，工业发展具有一定的政策偏向，利于集中资源进一步发展。

江西省在规模实力和市场实力指标上的竞位较为艰难，始终处于中部下游位置，短期内难以突破。但经济效益指标自 2015 年起增长迅速，一方面是由于其余省份在 2015 ~ 2017 年阶段内经济效益下滑严重，而江西省工业企业保持了良好的盈利和经营能力；另一方面江西省全员劳动生产率较高，在中部领先，企业自身的生产效率良好，因此利润并未出现大幅度的下滑趋势。江西省社会贡献指标的竞争力也较为突出，上升趋势明显，工业产业在全省的地位愈发重要。

湖北省工业规模实力表现良好，尽管后期受到一定竞争冲击，但仍保持了中部第二的位置。湖北省凭借东风汽车等王牌企业在市场实力指标上也表现较好，但竞争力得分有所下降，2017 年在中部六省中位居第三，可见湖北省在开拓和占领新市场上的力量相较中部后起省份有所不足。湖北省工业经济效益竞争力较弱，2011 年在中部垫底，尽管后期增长迅速，但目前仍在中部下游水平徘徊，是湖北工业发展的短板及竞争劣势。

湖南省规模实力和市场实力均处于中部中游水平，总的来说发展较为稳定。相较之下经济效益和社会贡献两项指标的竞争力变化较大，2015 年二者均增长迅速，缩小了与第一梯队省份的差距，因此工业实力排名在 2015 年超越了湖北省成为第三名。但两项指标在 2017 年迅速回落至中部下游，是当年工业实力下降两个位次的主要影响因素。

高质量工业竞争潜力：2017 年中部六省高质量工业竞争潜力排名为：安徽省、湖南省、湖北省、河南省、江西省、山西省，与 2015 年的排名一致。如表 6 所示，在 2011 年、2013 年、2015 年、2017 年四个间隔时间点上安徽省和湖南省分别保持了中部第一和第二的位置，工业潜力较高是安徽省能保持综合竞争力中部第二的重要因素，也是湖南省与湖北省竞位过程中的主要优势。山西省 2013 年下降了一个位次成为中部垫底，且得分不断下降，2017 年仅为 0.001 分，在工业潜力完全上不具备竞争优势。江西省 2013 年上升了一个位次成为中部第五，比工业综合竞争力的上位提前了一个时间点，表明江西省工业潜力竞争力成长先于整体工业发展，一定程度上助力了工业实力的攀升。河南省工业潜力相较工业实力竞争优势不大，是制约全省工业综合竞争力发展的一大因素，2013 年短暂上升成为中部第三，2015 年又回落到第四的位置并保持至 2017 年。湖北省与河南省在工业潜力指标上的得分较为接近，竞争也更为明显，就目前看来，湖北省略胜一筹，保持了中部中等偏上的水平。

表 6　中部六省高质量工业竞争潜力排名变化情况

省份	2011 年		2013 年			2015 年			2017 年		
	得分	排名	得分	排名	排名变化	得分	排名	排名变化	得分	排名	排名变化
山西	0.006	5	0.003	6	↓1	0.002	6	—	0.001	6	—
安徽	0.025	1	0.024	1	—	0.025	1	—	0.019	1	—
江西	0.002	6	0.004	5	↑1	0.004	5	—	0.006	5	—
河南	0.018	4	0.021	3	↑1	0.019	4	↓1	0.013	4	—
湖北	0.019	3	0.020	4	↓1	0.019	3	↑1	0.015	3	—
湖南	0.025	2	0.022	2	—	0.023	2	—	0.018	2	—

图 2 所示为 2017 年中部六省工业在技术创新潜力、绿色发展潜力和结构转换潜

力上的竞争力评价结果。首先从技术创新潜力来看，河南省在2011年及2013年都保持了中部首位，且得分有所上涨，2015年被安徽省赶超之后也始终居于中部第二，可见河南省即使总体工业潜力排名不高，但工业技术创新能力仍属于前列水平。安徽省和江西省在该指标上的竞争力增长迅速，安徽省2011年的创新水平仅为中部第四，2013年一跃成为中部第二，得分直逼河南省，2015年超越了河南领先中部地区，2017年在江西省强势增长的冲击下得分有所下降，但仍以较大的得分差距保持中部第一。而江西省尽管增长迅速，但由于起步较晚、起点较低，仅在2013年超过了山西省，此后始终处于中部第五的位置，工业技术创新水平属于中部下游。山西省工业资源依赖程度高，煤炭开采等相关行业在长期内依然是山西省工业的最大支柱，因而在技术创新上面临的竞争压力较大。湖北省及湖南省的技术创新能力发挥稳定，始终属于中部中等水平，其中湖南省略胜一筹，与工业潜力竞争结果一致。

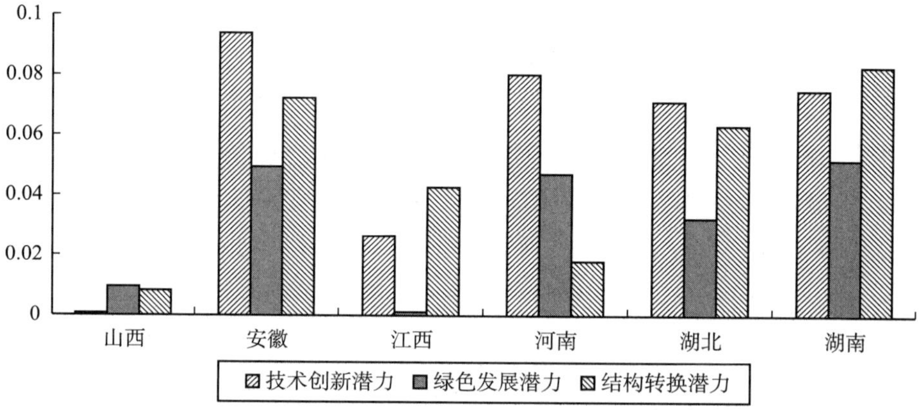

图2　2017年中部六省高质量工业竞争潜力各二级指标评价结果

绿色发展二级指标中包含了工业固体废物综合利用率和单位工业增加值废水排放两项三级指标，分别从正向利用率和反向污染程度表现目前各省工业对于绿色循环和生态保护的发展程度。图2中可见，2017年安徽省在绿色发展指标上得分较高，安徽工业不仅在创新能力上领先，在循环工业和生态保护上也保持了先进水平。河南省排名第三，2011～2017年竞争力得分上升趋势明显，对于一个以传统工业制造为主的省份来说，河南省对“旧工业”的绿色改造相当成功。湖北省工业绿色化改造成果突出，2011～2017年得分始终维持在0.035左右，位居中部第四。相比之下，湖南省属于后期发力的省份，在2011年和2013年均位于中部倒数第二，2015年上升了一个位次，2017年迅速增长成为中部第一，“制造湘军”在绿色发展上做到了跨越式的发展。而山西省和江西省绿色发展表现较差，山西省工业污染严重，但在2011年得分排名中部第三，当时工业固体废物利用率为57.5%，单位增加值废水排放为6.66吨/亿元，为中部最低，但前者逐渐下降，后者逐渐上升，使得山西绿色发展排名降低。而江西省作为一个以生态资源闻名的省份，工业绿色发展指标却始终处于中部垫底位置，一方面江西主要支柱性工业产业如有色金属、电子等，自身废水产量体量大；另一方面江西省固体废物的利用率始终较低，2017年更是下降至37.15%，绿色发展指标在中部垫底的表现阻碍了江西工业潜力的进一步向前进位。

结构转换指标选取了非国有企业占比、高新技术企业产值占比和新产品销售收入占比来分别表现制度灵活度、面向未来新兴市场的竞争力及市场适应能力。结构转换指标能综合反映一个省份在高质量发展阶段完成工业结构转型升级的能力，是未来形成新的竞争实力的主要来源，因此是一个相当重要的指标。图2中可以看出湖南省位居中部第一，结构转换能力的良好表现是助力湖南省工业竞争潜力排名稳居第二的重要来源。安徽省与湖南省的竞争明显，2011年安徽省排名第一，但2013年下滑一名后一直保持在第二的位置，而相对的湖南省2011年排名第二，2013年超越安徽省目前仍居于中部首位。两个省份工业结构转换进度良好，根据原始数据来看，湖南省高新技术企业产值占比和新产品销售收入占比均领先于中部，而安徽省非国有企业较多，制度灵活性上略胜一筹。湖北省在结构转换指标上表现稳定，2011～2017年竞争力得分有增长的趋势，始终保持在中部第三的位置，综合来看湖北省在工业潜力三项指标上均做到了稳扎稳打。相比之下，山西省、江西省、河南省始终处于中部下游水平，其中山西省竞争力一直在下降，严重制约工业潜力增长；江西省竞争力上升趋势明显，在明确的发展思路指引下，生态优势逐步显现；河南省波动性较强，结构转换竞争力表现并不稳定，表明河南承受竞争冲击的能力较弱，是一大短板。

工业竞争环境：2017年中部六省工业竞争环境的排名为：河南省、安徽省、湖北省、湖南省、山西省、江西省。表7所示，工业竞争环境作为一个宏观性较强的指标，投入到产出的周期较长，因此排名在2011年、2013年、2015年及2017年四个间隔时间点上都没有变化，稳定性最强。

图3显示2017年人才支持环境排名为：河南省、安徽省、湖南省、湖北省、江西省、山西省；资源支持环境排名为：江西省、山西省、湖北省、湖南省、安徽省、河南省；基础设施支持环境排名为：河南省、安徽省、山西省、湖北省、江西省、湖南省；信息化支持环境排名为：河南省、安徽省、湖南省、湖北省、山西省、江西省。各省具体情况分析如下：

表 7　　中部六省工业竞争环境排名变化情况

省份	2011 年		2013 年			2015 年			2017 年		
	得分	排名	得分	排名	排名变化	得分	排名	排名变化	得分	排名	排名变化
山西	0.010	5	0.012	5	—	0.011	5	—	0.009	5	—
安徽	0.019	2	0.024	2	—	0.027	2	—	0.031	2	—
江西	0.005	6	0.007	6	—	0.009	6	—	0.007	6	—
河南	0.030	1	0.035	1	—	0.033	1	—	0.040	1	—
湖北	0.016	3	0.018	3	—	0.017	3	—	0.017	3	—
湖南	0.011	4	0.015	4	—	0.013	4	—	0.015	4	—

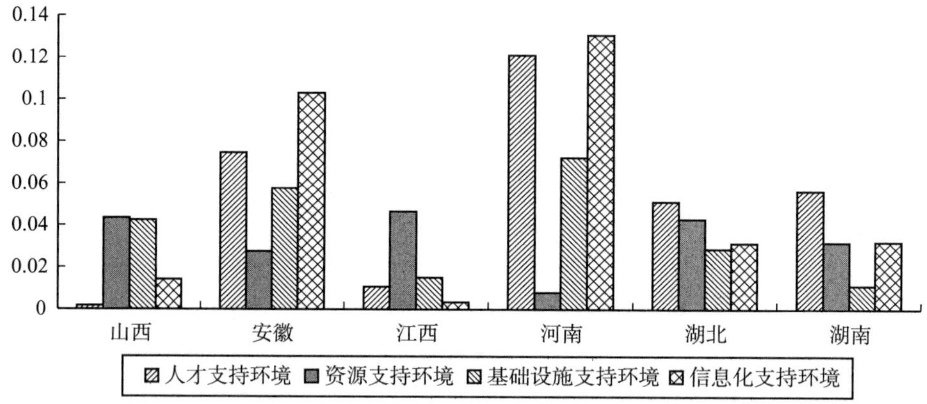

图 3　2017 年中部六省工业竞争环境各二级指标评价结果

河南省总体工业环境竞争力居中部首位，但资源支持是河南省的发展短板。具体来看，河南水资源拥有量与江西、湖南、湖北、安徽相差较远，人均发电量也属于中部中等偏下的水平。图 3 中可见 2017 年河南省除资源支持以外的其余三项指标均在中部领先，且人才支持和信息化支持指标的竞争力得分具有明显的上升趋势，对将来提升河南省的工业创新能力、促进两化融合发展高新技术产业、转变工业现有传统结构具有推动作用。

安徽省的资源支持环境同样是本省发展短板，主要受限于水资源拥有上。同时安徽省教育资源不算丰富，目前拥有 119 家本专科学校，低于河南、湖北、湖南三省。虽然中等职业技术学校的毕业生人数较多，能为技术岗位输送较多的人才，但高等人才的相对缺乏对安徽省发展高技术工业有一定限制。

湖北省除资源支持指标在中部排名第三外，其余指标均在中部排名第四，且有一定下降趋势。总体而言发展比较均衡，导致最终工业环境竞争力在中部居于第三的位置。

湖南省在人才支持和信息化支持上表现较好，但资源和基础设施表现较差，尤其是基础设施指标在中部六省中居第六名。交通网络完成进度的落后直接限制了湖南省工业环境竞争力的向前进位，停留在第四名。

山西省人才的严重缺乏和信息化建设的相对落后是工业环境发展的最大问题。图中可见山西省资源支持力量较强，基础设施在近几年也有所完善，但人才支持指标的得分近乎为0。缺少高端人才不利于山西省工业创新和转型，而缺少职业技术人员也不利于传统优势产业的进一步扩大发展。

江西省资源支持指标竞争力为中部第一，拥有丰富的水资源和电力资源，不仅利于工业发展且水运航道开发也利于贸易发展。但人才、基础设施和信息化支持环境都相对落后，尤其是信息化设施建设在中部垫底。

（三）小结

根据各省竞争力纵向变化和中部竞争力横向比较的分析结果，按照2017年工业综合竞争力排名从前到后的顺序总结如下：

河南省工业竞争力增长速度在中部六省中较为缓慢，2015～2017年现阶段工业实力和工业竞争环境指标增长迅速，但高质量竞争潜力仍然较慢。综合竞争力排名始终居于中部首位，现阶段工业实力突出，但经济效益指标下滑严重；高质量竞争潜力是综合竞争力提升的主要限制因素，其中结构转换能力较弱；工业竞争环境领先中部，但资源限制是发展短板。

安徽省工业竞争力增长速度在中部六省中较为迅速，尤其是在2013～2015年阶段工业实力和工业环境的增长迅猛，而工业潜力在2015～2017年阶段发力。综合竞争力排名始终居于中部第二的位置，现阶段工业实力波动性较大，其中经济效益指标为主要波动因素；高质量工业潜力稳定保持中部第一，技术创新、绿色发展和结构转换均在中部领先；工业竞争环境居于中部第二，其中资源支持为主要限制因素。

湖南省工业竞争力增长速度在中部六省中较为缓慢，主要受限于工业实力和工业环境的滞后。综合竞争力2017年上升为第三名，现阶段工业实力排名较不稳定，经济效益和社会贡献是主要的不稳定因素；高质量竞争潜力排名稳定，始终保持中部第二，绿色发展指标竞争力上升趋势明显，助力综合竞争力的上升；工业竞争环境居中部第四，交通基础设施建设是主要短板。

湖北省工业竞争力增长速度在中部六省中属于中等水平，工业实力增长不甚明显，规模扩张陷入一定瓶颈，高质量工业潜力增长速度均衡，其中结构转换能力增长迅速。湖北省在与湖南省的综合竞争力竞位中暂居下风，但总体而言湖北省在各项指标上发展比较均衡，均在中等水平徘徊，无突出短板。

江西省工业竞争力增长速度在中部六省中领先，尤其是工业实力和工业潜力发展迅速，以规模实力、经济效益和技术创新指标为代表，具有明显的后发优势。综合竞争力于2015 年前进一个位次，主要源自工业实力的增长，其中经济效益良好是江西的竞争优势；工业潜力竞争力也有所提升，但绿色发展成为主要进位阻碍；工业竞争环境在中部垫底，资源丰富但信息化建设薄弱。

山西省工业竞争力增长速度在中部六省中最为缓慢，由于利润为负，2015 年工业竞争力倒退，2015 ~ 2017 年实现增长，但仍赶不上其余省份的增长速度。综合竞争力从第五名下滑为第六名，工业实力较差，市场实力是主要限制，以煤炭加工为主的产业在目前的市场竞争中不占优势；工业潜力下滑明显，技术创新能力和结构转换力均存在较大的问题；工业环境居中部第五，资源相对丰富，但人才短缺严重不利于山西实现工业崛起。

四、中部地区提升工业竞争力的对策

（一）明确高质量阶段的工业方向，扩张规模提升质量

中部地区工业规模扩张速度较快，但面向工业化后期的产业结构转型阶段，工业盲目扩张并不可取，因此需要以高质量发展目标为标杆和旗帜，重视提升规模扩张的质量。首先，中部地区工业发展应该通过产权变革、体制创新、放活市场等方式激活微观市场主体的活力，同时统筹区域规划与产业布局，减少中部地区主导产业的重合度，从宏观和微观两个角度入手提升规模扩张的质量。其次，中部地区应发挥大中企业数量占比大的优势，有目的地培育龙头企业以带动和引领相关产业的发展壮大，凭借辐射效应集聚产业块与整合产业链，实现工业行业的规模有效扩张。再次，中部地区应促进全要素生产率的增长，鼓励工业企业从生产要素投入量驱动向要素利用效率驱动转变，尤其是技术进步、企业管理、规模经济等因素的作用，适当增加利于提高技术创新能力和生产效率的固定资产，拒绝盲目投入。最后，中部地区存在就业与产业二元结构矛盾，对此应该以实现农业现代化、城乡一体化为前提输出第一产业的滞留劳动力，并且发挥生产性服务业对工业发展的支持作用，以全新的人力投入结构带动工业高质量规模扩张。

（二）把握新时代工业发展机遇，提高企业经济效益

中部地区工业企业经济效益总体较好，但近几年盈利能力下降严重，面对不断加剧的工业竞争环境，全力把握新时代工业发展机遇是突破现状的关键。从信息化时代、“互联网＋”兴起再到绿色发展、“智能制造”时代，高质量发展阶段不断出现新的工业发展机会。如今面对尚未定型的新兴产业市场，全国各地处在同一起跑线上，拥有相对平等的发展机会，中部地区在此时培育新产能新业态将促进工业经济效益的全面改善。首先，2015 年发布的《中国制造 2025》是我国实施制造强国战略的第一个十年行动规划，也是高质量发展阶段重要的纲领性主导性文件。中部地区应该紧跟国家发展战略，按照纲领要求将中部制造业的规模优势转化为竞争优势，依靠两化融合提升制造业智能化率，重点发展高档数控机床、3D 打印、智能仪器仪表、智能电网、智能环保设备等智能化专用设备，以及人工智能和智能制造，凭借产业基础迅速占领新兴市场。其次，市场竞争归根结底是产品的竞争，中部地区创新能力和水平提升较快，应充分利用这一后发优势紧抓新一轮技术革命机遇，以提高工业科技成果转化率、创造新产品、培育新动能，用科技进步夯实企业基础从而在竞争中获利。

（三）重点发展技术密集型工业，推动工业结构转型

中部地区工业结构转型进度落后，目前仍以资源密集型和劳动密集型工业为主，是整体竞争力不高的根本原因。为此，中部地区应该改变以传统制造为主的发展路径，重点发展技术密集型的现代工业。首先，中部工业资源依赖性强，面对资源枯竭困境需要加快对传统产业的改造升级。一是通过发展循环工业加大对工业“三废”的综合利用，减少资源浪费和环境污染；二是通过延长产业链、增加产品附加值的方式提高企业利润，并且实现产业多元化发展；三是通过加大科技创新投入力度实现中端制造向中高端创造转变；四是通过淘汰落后产业、整合低效益产业来促使中部工业向绿色化、现代化、高端化方向发展。其次，尽管中部地区高技术产业发展速度较快，但在高质量发展阶段仍存在较大的赶超压力，因此必须突破核心技术限制的瓶颈。一方面应该将资源优势转化为技术专利优势，通过培育科技创新主体、构建科技创新平台、推动产学研结合等方式促进智能制造、先进制造的大幅进步。另一方面应该适当加大对有潜力的高新技术产业在资金、人才、设备等方面的投入，如江西省的航空工业、光伏产业等，湖北省的集成电路、新材料产业等，河南省的电子信息、生物工程等，安徽省的新能源汽车、先进装备制造产业等，湖南省的生物医药、机电制造产业等，山西省的 LED、现代煤化工等。

（四）坚持创新引领加快产业集聚，积累工业发展潜力

转型时期中部地区应该更加注重工业发展潜力的积累，同时需要具备相应的转潜力为竞争优势的能力，为此产业集聚和创新驱动是必经之路。首先，工业园区是加快工业集聚的主要载体和途径，但中部地区工业园区数量较少，2018 年全国 219 家国家级经济开发区中中部共拥有 50 家①，156 家国家高新技术产业开发区中中部拥有 38 家②。因此中部地区应该首先完善现有工业园区的基础设施建设和功能设计，根据当地工业发展现状推进特色工业园区建设。其次，应该支持和鼓励各地申请国家级工业园区和建设新的园区，在此基础上加大招商引资的力度，重点吸引大企业、大项目入驻，以此带动企业、人才、资金等基本生产要素的集聚，通过打造完整的产业链条来提高园区竞争力实现盈利增长。最后，创新驱动是工业发展的关键路径，高质量发展阶段的工业竞争必然是核心技术和专利品牌的竞争。中部地区应该以彻底转变工业发展理念为基础和前提，由传统的资源驱动、要素驱动向技术驱动、创新驱动的现代化观念转变，通过政策支持、人才引进、财政投入、扩大对外开放、加强技术合作、创办创新基地以及打造自主创新示范区等方式积极推动工业创新能力的增长。目前中部地区 R&D 投入增长较快，应该注意提高投入—产出效益，做到冒险与谨慎相结合。

（五）完善工业信息化支持环境，全力支持两化融合

两化融合强调工业化与信息化的相互促进、相互支持，达到深度结合，对于高质量阶段及时把握发展机会、创生新经济新业态、提升工业竞争力具有重要作用，是新型工业化道路和工业可持续发展的内在要求。一方面，基础设施是工业信息化发展的物质基础，基础设施的完善程度在一定程度上决定了两化融合的深度。但中部地区在信息化基础设施的建设上远远落后于东部地区，不利于高质量阶段的工业赶超，对此应该针对不同省份的实际情况合理进行基建长期规划，通过加大投资力度和推动政企合作等方式完善长途光缆线路、移动电话机容量、互联网接入端口等工业信息化支持环境，为工业信息化提供良好的“硬件”环境。另一方面，应该同步推进中部地区工业信息化“软件”环境的改善。首先充分发挥各级工业和信息化政府及委员会的作用，从管理者转变为服务者，深入了解企业并解决实际问题，实地考察厂区以打造

---

① 资料来源：商务部. 2018 年国家级经济技术开发区综合发展水平考核评价结果［EB/OL］. 中国政府网，(2018－12－31)［2021－8－20］，http://www.gov.cn/xinwen/2018－12/31/content_5353745.htm.

② 资料来源：商务部. 2018 年国家高新技术开发区综合发展水平考核评价结果［EB/OL］. 中国政府网，(2019－2－31)［2021－8－20］. http://www.gov.cn/xinwen/2018－12/31/content_5353745.htm.

最适合的工业环境；其次应该针对中小企业融资难的问题出台相应扶持政策，拓宽融资渠道、放活金融机构，满足工业企业信息化改造的资金需求。

参考文献

[1] 蔡昉，王德文，王美艳．工业竞争力与比较优势——WTO 框架下提高我国工业竞争力的方向 [J]. 管理世界，2003 (2)：58 - 63 + 70.

[2] 陈晓红，解海涛，常燕．基于“星形模型”的中小企业区域竞争力研究——关于中部六省的实际测算 [J]. 财经研究，2006 (10)：124 - 133.

[3] 顾海兵，余翔．我国区域工业竞争力的测定与评价——我国十大沿海城市工业的广义竞争力实证比较研究 [J]. 学术研究，2007 (3)：49 - 56.

[4] 李明，黄珊燕，刘宇嘉．成都市工业竞争力的统计评价 [J]. 统计与决策，2011 (18)：132 - 135.

[5] 罗良文，赵凡．工业布局优化与长江经济带高质量发展：基于区域间产业转移视角 [J]. 改革，2019 (2)：27 - 36.

[6] 穆荣平．中国高技术产业国际竞争力评价指标研究 [J]. 中国科技论坛，2000 (3)：28 - 32.

[7] 石军伟，谢伟丽．世界大国工业竞争力评价与演进趋势：2000 - 2010 [J]. 产业经济评论（山东大学），2015，14 (3)：1 - 22.

[8] 苏红键，李季鹏，朱爱琴．中国地区制造业竞争力评价研究 [J]. 中国科技论坛，2017 (9)：114 - 122.

[9] 王涛，石丹．中国区域工业竞争力的测度与比较 [J]. 统计与决策，2019，35 (7)：136 - 140.

[10] 王洋．中国区域工业竞争力研究 [D]. 吉林大学，2007.

[11] 魏后凯，吴利学．中国地区工业竞争力评价 [J]. 中国工业经济，2002 (11)：54 - 62.

[12] 杨丽，孙之淳．基于熵值法的西部新型城镇化发展水平测评 [J]. 经济问题，2015 (3)：115 - 119.

[13] 姚鹏，张明志．新中国70 年中国中部地区工业发展——历程、成就、问题与对策 [J]. 宏观质量研究，2019，7 (2)：103 - 113.

[14] 张军，高远，傅勇，等．中国为什么拥有了良好的基础设施？[J]. 经济研究，2007 (3)：4 - 19.

[15] 张力薇．中国工业竞争力的区域差异及其比较 [D]. 西北大学，2007.

[16] 周平，熊曦．湖南省各市州工业竞争力评价及转型建议［J］．经济地理，2018，38（10）：136－141.

Research on the Evaluation of Industrial Competitiveness of the Central Region under the Target of Manufacturing High Quality Development

Hu Xueying

Abstract: The manufacturing industry is the foundation of a nation, a tool for rejuvenating a nation, and a foundation for a strong nation. It is an important focus of a modern economic system, a focus of international industrial competition and a major release of deep-seated structural contradictions in the economy. Promoting the high-quality development of the manufacturing industry is the main starting point for promoting the high-quality development of the economy. The article takes the central region as the research object, and constructs a comprehensive evaluation index system that includes the current stage of industrial competitiveness, high-quality industrial competitiveness potential, and industrial competitive environment, and an industrial industry evaluation index system that includes the current stage of industrial competitiveness. Used to evaluate the changes in the industrial competitiveness of the six provinces in central China from 2011 to 2017. Through the analysis of the results, the problems in the industrial development of Central China were found. The following policy recommendations are put forward: to clarify the industrial direction of the high-quality stage, expand the scale and improve quality; grasp the opportunities of industrial development in the new era to improve the economic efficiency of enterprises; focus on the development of technology-intensive industries and promote the transformation of industrial structure; insist on innovation to lead and accelerate industrial agglomeration, Accumulate industrial development potential; improve the supporting environment for industrial informatization and fully support the integration of industrialization and industrialization.

Keywords: High-quality manufacturing Industrial competitiveness Central region

人力资本与高质量发展实证研究

白云飞[*]

摘　要： 人力资本的各个因素直接影响着高质量发展。本文阐述了人力资本对高质量发展的作用机制，及高质量发展对人力资本的要求。通过分析“辽宁悖论”现象，指出人力资本所处的制度环境对经济发展质量构成决定性影响。通过对人力资本教育结构和年龄结构影响高质量发展进行实证分析，发现高层次人力资本对高质量发展的作用远大于低层次人力资本；“人口数量红利”的消失并不意味着不能实现高质量发展，发挥“人口质量红利”才是实现高质量发展的必由之路，并据此提出改善制度环境，激发人力资本创造力等对策建议。

关键词： 高质量发展　人力资本　制度环境　人力资本结构

习近平总书记在党的十九大报告中指出：“我国经济已由高速增长阶段转向高质量发展阶段，正处在转变发展方式、优化经济结构、转换增长动力的攻关期。”① 实现高质量发展已经成为未来一个阶段我国经济发展的核心任务。高质量发展不同于以往我国经历的高速发展，它要求在各经济要素的投入尽可能少的情况下实现更多、更优的产出，同时，还要不断降低资源环境成本，实现经济、社会与环境的协调发展。这显然不是单纯依靠投入更多的物质资本就能做到的。经济必须依靠不断创新进行驱动才能实现高质量发展。而创新又离不开高质量的人力资本。在人力资本水平不高、积累不足的情况下是难以实现创新驱动的。因此，研究人力资本的各个因素对于高质

---

* 作者简介：白云飞（1977～），河南温县人，辽宁大学经济学院讲师，经济学博士，研究方向：经济统计学。

① 习近平．决胜全面建成小康社会，夺取新时代中国特色社会主义伟大胜利——习近平同志代表第十八届中央委员会向大会作的报告摘登［N］．人民日报，2017－10－19（2）．

量发展的影响，对于我国经济实现高质量发展具有重要的理论和现实意义。

一、人力资本与高质量发展的关系

（一）人力资本对高质量发展的作用机制

高质量发展的经济学意义可以表述为：它是能够更好满足人民不断增长的真实需要的经济发展方式、结构和动力状态。新发展观，即创新、协调、绿色、开放、共享的发展理念，成为对高质量发展的新要求，也是对是否实现了高质量发展的评价准则（金碚，2018）。这里，“创新是高质量发展的第一动力，协调是高质量发展的内生特点，绿色是高质量发展的普遍形态，开放是高质量发展的必由之路，共享是高质量发展的根本目标”（任保民、文丰安，2018）。高质量发展是在这五个维度上展开的中国经济发展模式升级版。高质量发展与高速发展的不同之处不能简单以是否追求发展速度来概括。事实上，高质量发展并不排斥高增长速度。如果能在保证发展质量的同时获得高增长率，何乐而不为？只是高质量发展的重点落在了高质量上，一切都是以保证发展质量作为基础，而不同于高速发展仅强调速度。为了追求速度忽视其他因素，必然会因积累太多矛盾而最终导致经济停滞乃至倒退。高质量发展必然是可持续的发展、高效率的发展。这种高效率具体体现在劳动生产率的不断提高和技术的不断进步方面。经济学的效率概念指的是在投入要素保持不变的情况下产出增加。经济效率提高的过程实质上就是劳动生产率提高的过程。根据新增长理论，人力资本不同于其他生产要素的独特之处在于，通过增加人力资本积累提高人力资本水平，可以提高劳动生产率、促进技术进步，带动经济增长。因此，高质量发展与人力资本密不可分。人力资本是高质量发展的最重要投入要素。在不考虑制度因素情况下，人力资本的数量和质量决定着发展的速度和质量。

人力资本促进高质量发展的机制与人力资本促进经济增长的机制是完全等同的。通过加大人力资本投入获得的增长必然是以创新为动力的、可持续的经济增长。而这种增长推动的发展也必然是以创新为核心要素的、结构协调、绿色环保、知识共享的高质量发展。关于人力资本作用于经济增长的具体机制，学术界有着不同的认识。第一种即卢卡斯机制（Lucas，1988）。该机制认为人力资本与物质资本一样，是生产产品的直接投入要素。根据卢卡斯模型，人力资本通过两种模式形成。一种是通过“内部效应”起作用，即舒尔茨提出的通过正规或非正规的教育及培训，以增加人力资本投资和积累的方式使人力资本持有者收益递增。该模式人力资本的形成机理在于教育和培训提高了持有者的知识水平，使他们具有更高的劳动生产力。另一种是通过

“外部效应”起作用。即通过“干中学”模式，用人力资本的投资和积累使其他生产要素的收益递增。该模式人力资本的形成机理是，人力资本的正外部效应会从一个人传递到另一个人，从一个企业传导到另一个企业，最后使所有生产部门都获益，进而使产出具有递增收益，使人力资本成为“增长发动机”。第二种机制是尼尔森—费尔普斯机制（Nelson and Phelps，1966）。这种机制不再将人力资本视为直接投入的生产要素，而是认为人力资本通过影响技术进步间接地作用于经济增长。也可以理解为，人力资本要发挥作用需要物质资本投资，尤其是技术投资的配合。第三种是联合作用机制，是以上二者的综合，即人力资本不仅是生产最终产品的直接投入要素，还作为技术生产的关键投入品来促进经济增长。对这三种机制的验证由于采用数据和模型的不同，结果也各不相同。曼昆、罗默和韦尔（Mankiw，Roemer and Weir，1992）、巴罗和夏威尔（Barrow and Charville，1995）、特谢拉和奎尔（Teixeria and Quail，2016）的研究支持卢卡斯机制。本哈比和斯皮格尔（Ben Habib and Spiegel，1994）、帕帕乔吉欧（Papacho，1999）、努内斯和玛尔塔（Nunes and Marta，2001）则验证了尼尔森—费尔普斯机制的有效性。帕帕乔吉欧（Papacho，1999）、恩格尔布雷希特（Engelbrecht，2001）证实了联合作用机制的有效性。国内的学者普遍肯定人力资本对经济增长的积极作用。在人力资本作用机制方面，刘智勇等（2008）通过实证检验，发现在我国人力资本对经济增长的作用机制为尼尔森—费尔普斯作用机制和联合作用机制。杜伟等（2014）对全国总体、东部和中西部的人力资本作用机制进行了检验，发现只有在东部卢卡斯机制才起作用，在全国总体和中西部则是尼尔森—费尔普斯作用机制起作用。李昕、关会娟（2017）在联合作用机制基础上建立了真实商业周期模型，发现人力资本对我国经济增长的作用大于物质资本。事实上，由于我国幅员辽阔，地区间的经济发展情况差别极大。不可能只有一种机制起作用。只有具体分析各个地区人力资本的作用机制才能获得更符合实际的研究结论。

（二）高质量发展对人力资本各方面的要求

高质量发展的最终目的还是为了满足人民日益增长的对美好生活向往而产生的需要。这种对美好生活的向往而产生的需要是十分广泛的。在人力资本方面，如人们渴望提高自身素质而愿意学习更多技能、希望获得更广泛的医疗保障等都源自对美好生活的向往。为了满足这种不断增长的需要，高质量发展也对人力资本提出了更高的要求。

首先，高质量发展要求人口质量不断提升。这种要求得到实证数据支撑。例如，昌先宇、赵彦云（2017）选取了我国省际样本数据，发现全部人力资本水平对创新并无显著影响，但当人力资本以教育层级分层时，其中的高层次人力资本却对技术创新有很强的带动作用，还会通过创新和模仿活动将创新外溢到其他地区，使全社会生产效率提升，实现规模收益递增的可持续增长。高质量发展是以创新驱动作为其主要特征的。而不论是技术创新、管理手段创新、还是资源配置方式创新都离不开高质量的人力资本投入。只有勤于思考、敢于质疑、又具备丰富专业知识的人士才能源源不断产生创新。而他们的丰富专业知识和敢于质疑的勇气无疑来自不断的学习。因此，人口质量的不断提升是保证不断创新的基础。

其次，高质量发展要求对人力资本的投入不断加大。目前，我国的人口红利正在不断消失，一些经济学家建议我国将来要依靠人力资本红利来提升劳动生产率（任保民、文丰安，2018）。这就意味着经济体系对劳动力质量的需求超过对数量的需求。但我国的基础教育还很薄弱，大量青年，尤其是农村青年还未接受过高中教育，甚至九年义务制教育也未完成。这严重制约了人力资本结构的改善，因此，需要更多的人力资本投入。此外，创新所需的高质量人力资本归根结底还是要靠持续不断的投入培养出来。所以，为了顺利实现高质量发展，我国还需加大人力资本投入。

最后，高质量发展要求人力资本更具创新性。高质量发展的本质是创新。熊彼特认为创新本质上是一个创造性毁灭过程。在这个过程中总是要破坏现有的制度、思想观念和市场体系，取而代之的是新的制度、思想和市场体系。这个过程很少是按照规划有条不紊地进行，它总是伴随着混乱、风险和冲击。而我国的传统文化讲究四平八稳，追求平安和秩序。这难免和创新格格不入。因此，如何改变人们的传统观念，让人们敢于颠覆现有、迎接挑战也成为人力资本研究领域的一个热点问题。

二、人力资本制度环境与高质量发展

（一）辽宁悖论

人们通常认为，较高的人力资本水平一定会带来较快的经济增长以及高质量的发展。罗默（1990）就认为：经济增长率取决于人力资本水平，人力资本水平越高，经济增长速度越高。然而，我国改革开放以来的事实证明并非如此。先来看人力资本与经济增长的关系。改革开放之初，东北三省和一些中西部省份的人力资本水平大大高于许多东部沿海省份。但是，40 多年来的实践证明，高人力资本水平并没有带来相应的增长速度。这些省份的平均增长率是低于大多数东部沿海省份的。以辽宁省为例，1990 年，辽宁每 10 万人中具有大专及以上学历的人口为 2596 人，广东省为 1338 人，浙江省为 1170 人。辽宁省是广东的 1.94 倍，是浙江的 2.22 倍。2010 年，辽宁省该项指标为 11965 人，广东省为 8214 人，浙江省为 9330 人，辽宁省是广东省的

1.46倍，是浙江省的1.28倍①。但是，1990～2010年，辽宁GDP（可比价）年均增长速度为9.22%，增长了4.84倍，广东省GDP（可比价）年均增长速度为12.16%，增长了8.93倍，浙江省GDP（可比价）年均增长速度为12.37%，增长了9.31倍②。这与罗默的论断截然相反。类似的现象也发生在陕西与浙江之间。宁熙等（2005）将其总结为“浙江—陕西经济增长之谜”。

同样的现象也发生在人力资本水平与高质量发展之间。目前，国内最具权威性的高质量发展指数是由国家发展改革委、中国发展网委托易昌良主编的《中国新发展理念指数报告（2019）》。该报告以五大新发展理念为指导，对各省市县的高质量发展情况进行了全面评价。根据该报告，2019年综合发展指数排名前十位的是北京市、上海市、天津市、浙江省、江苏省、山东省、内蒙古、福建省、辽宁省、湖北省。辽宁省尽管只排第九名，但其人力资本水平要优于许多排在他前面的省份。也就是说，人力资本方面存在一个“辽宁悖论”，即许多像辽宁这样人力资本水平很高的地区，但并没有实现高质量发展。

仔细分析这一反常现象，其实并不神秘。原因在于辽宁省人力资本所处环境不佳。制度体系建设的不足，尤其是市场机制不健全导致辽宁省高水平的人力资本未能发挥出应有的作用。制度对于人力资本潜力的发挥是起着至关重要的作用的。马德森等（2010）就发现只有建立合适的制度体系才能引领人力资本大量投入到知识密集型产业当中，促进创新大量涌现，并带动经济在长期中保持良性发展。纳斯林等（2014）指出，人力资本对经济的带动作用只有在自由的经济制度下方能实现。通过研究跨国面板数据，他发现自由的市场经济制度能促进人力资本投资，提高要素的生产效率，充分发挥各类资本潜力。金碚（2018）认为，高质量发展建立在市场调节价格的有效性基础之上，它实现的前提是必须让市场发挥资源配置的基础作用。因此，高质量发展比以往的发展模式更加依赖于成熟的市场体制机制。以上研究均认为，市场机制健全与否对高质量发展具有极其重要的意义。就辽宁来讲，其所处的东北经济环境的一个重要特征是计划经济残留明显比全国其他地区多，市场经济体系建设滞后。人民日报2017年的一篇社论曾指出：“东北要优化营商环境要破解‘三个不相信’，即不相信市场的力量、不相信民营的力量，以及不相信中小微企业的力量。”而这三种力量的核心是市场的力量。民营经济和中小微企业只有在市场机制健全的环境中才能健康成长。王小鲁、樊纲、余静文等（2018）测算的省际市场化指数也反映出辽宁在市场机制建设方面的不足。2008～2016年辽宁省的市场化指数排

① 资料来源：国家统计局．中国人口统计年鉴［J］．北京：中国统计出版社，1991－2011.

② 资料来源：国家统计局．国统计年鉴［J］．北京：中国统计出版社，1991－2011.

名下降了7位，仅居全国第16位（见表1）。尽管目前辽宁省仍然保持着较高的人力资本水平，但由于制度环境的缺陷，其蕴含的人力资本的潜力并没有得到充分发挥。由此导致“辽宁悖论”现象的出现。

表1　2008～2016年部分省份市场化指数排名

地区	2008年	2009年	2010年	2011年	2012年	2013年	2014年	2016年	名次变动
浙江	2	3	3	3	2	2	1	1	1
广东	4	4	4	4	5	6	4	3	1
福建	7	7	8	8	8	8	7	6	1
山东	6	6	7	7	7	7	8	9	-3
湖北	18	16	15	15	13	19	11	10	8
辽宁	9	9	9	10	10	11	12	16	-7
河南	11	11	10	11	11	12	13	11	0
湖南	19	19	17	16	19	10	14	14	5
四川	13	14	13	14	16	15	16	13	0

资料来源：王小鲁，樊纲，胡李鹏《中国分省份市场指数报告2018》，为方便对比，所选省份与表1同。

（二）人力资本制度环境与高质量发展的相关性检验

为了验证人力资本制度环境与高质量发展的关系，本文采用2016年全国31个省区市的人力资本指标、市场化指数和高质量发展指标进行相关分析。人力资本指标选取人均教育年限，按照教育年限法计算各省市累计教育年限。不同教育层次人口的教育年限换算标准根据白云飞、马树才（2017）的方法确定。市场化指数数据来自王小鲁、樊纲、胡李鹏（2018）的报告。由于创新是实现高质量发展关键驱动力，只有依靠创新驱动的经济才能保持长期的高质量发展。所以，本文选取人均专利授权数作为高质量发展的评价指标。由于三个变量都是连续型变量，所以选择Person相关系数，结果见表2。可见，当采用中国31个省份（除港、澳、台）作为样本时，人力资本水平与市场化程度和高质量发展的相关性很弱。尤其是与高质量发展变量，相关系数只有0.216。这说明，仅凭人力资本水平的高低不能直接判断一地区发展质量的高低。而市场化指数则与高质量发展水平密切相关，相关系数达到0.812且显著。说明市场经济体系的完善程度对于高质量发展起到至关重要的作用。为了进行对比，本文只保留市场化指数第一集团的省市再次进行相关分析。相关分析结果见表3。此时，人力资本水平与高质量发展高度相关，相关系数为0.879且显著，而市场化指数与高质量发展的相关系数仅为0.54且不显著，说明人力资本只有在市场机制健全的地区才能对高质量发展发挥显著的促进作用。在市场机制十分健全的地区，市场化水平对于高质量的作用相较于人力资本就不那么突出了。因此，市场化程度较低的地区在制定发展政策时，不应只考虑招商引资。建设完善的市场经济制度体系，让人力资本发挥潜力比引来大项目更重要。

表 2　　31 个省份制度环境与高质量发展相关关系

		人力资本水平	市场化指数	人均专利授权
人力资本水平	Person 相关系数	1	0. 445 ***	0. 216 ***
	显著性（双尾）		0. 000	0. 002
市场化指数	Person 相关系数	0. 445 ***	1	0. 812 ***
	显著性（双尾）	0. 000		0. 000
人均专利授权数	Person 相关系数	0. 216 ***	0. 812 ***	1
	显著性（双尾）	0. 002	0. 000	

注：*** 相关性在 0. 01 上显著（双尾）。

表 3　　第一集团省份制度环境与高质量发展相关关系

		人力资本水平	市场化指数	人均专利授权数
人力资本水平	Person 相关系数	1	0. 270	0. 879 ***
	显著性（双尾）		0. 558	0. 009
市场化指数	Person 相关系数	0. 270	1	0. 540
	显著性（双尾）	0. 558		0. 211
人均专利授权数	Person 相关系数	0. 879 ***	0. 540	1
	显著性（双尾）	0. 009	0. 211	

注：① *** 相关性在 0. 01 上显著（双尾）。②市场化指数值在 0 ~ 10 之间。指数大于 8 的省市为第一集团。共有 7 个省市：北京、天津、上海、江苏、浙江、福建和广东。

三、人力资本结构与高质量发展

（一）人力资本教育结构与高质量发展

人力资本的教育结构是另一个决定经济发展质量的重要因素。它的重要性远远超过人力资本的行业结构、区域结构、城乡结构等。这是因为，人力资本的流动性决定了它可以突破行业结构、区域结构、城乡结构的限制，发挥其作用。而且越是高层次的人力资本突破这些限制的能力就越强。一个国家究竟是由低层次人力资本还是由高层次人力资本主导经济，对它的前途具有决定性的影响。袁富华等（2015）通过对比拉美、日本、韩国、东南亚和中国的人力资本升级和跃迁现象，认为高层次人力资本占比更大的人力资本结构是支撑一国经济长期增长并实现赶超的基础。该文暗含的观点是，拉美和部分东南亚国家之所以陷入“中等收入陷阱”不能自拔，与其迟迟不能扩大高层次人力资本所占比例、以及高层次人力资本质量迟迟没有实现跃迁有直接关系。目前，国内相关研究文献研究的都是不同教育层次的人力资本对经济增长的影响，尚无文献研究人力资本教育结构对于高质量发展的影响。为研究该问题，本文构建了全国和不同区域的人力资本教育结构与高质量发展的模型。其中，人力资本教育结构分为两组。一为高级人力资本 edu_1，由受过高等教育的人力资本构成，其余人力资本为基础人力资本 edu_2。人力资本测算方法同前节。作为被解释变量的高质量发展指标以发明专利授权量表示。模型中另一个解释变量 RD 为 R&D 经费内部支出。样本区间为 1998 ~ 2019 年，数据取自历年《中国科技统计年鉴》。结果见表 4。

表 4　　人力资本结果与高质量发展回归

变量	全国		东部		中部		西部		东北	
	（1）	（2）	（1）	（2）	（1）	（2）	（1）	（2）	（1）	（2）
$Lnedu_1$	0.371 (1.586)	0.423* (1.896)	1.024** (2.426)	0.591* (1.894)	1.132*** (5.695)	1.118*** (5.966)	0.7** (2.937)	0.63** (2.763)	0.944*** (3.201)	0.979*** (3.607)
$Lnedu_2$	-1.518 (-0.822)		3.401 (1.465)		-0.467 (-0.298)		-1.711 (-1.006)		-0.898 (-0.366)	
LnRD	1.367*** (5.711)	1.198* (9.930)	0.089 (0.202)	0.687*** (3.987)	0.847*** (5.153)	0.810*** (7.686)	1.141*** (6.873)	1.038*** (7.958)	0.902*** (3.241)	0.813*** (6.022)
常数项	2.784 (0.122)	-15.991*** (-15.69)	-45.488 (-1.706)	-6.449*** (-5.586)	-11.982 (-0.692)	-17.146*** (-19.886)	4.148 (0.22)	-14.8*** (-16.042)	-5.152 (-0.205)	-14.354*** (-11.654)
Adj. R^2	0.99	0.99	0.974	0.972	0.986	0.986	0.985	0.985	0.97	0.972
F - Sta.	6092.49	932.472	224.057	312.6	409.831	651.811	388.656	582.059	194.346	308.132

注：括号内为 t 统计量值，***、**、* 分别代表系数的 t 统计值在 1%、5% 和 10% 下显著。

模型（1）结果显示，无论是全国范围还是在各大区域，基础人力资本都没有对高质量发展起到显著促进作用。当剔除基础人力资本后，在模型（2）中，高级人力资本对于高质量发展都具有显著的促进作用。全部模型中，R&D 资金投入都对高质量发展起到积极促进作用。全国模型中，R&D 资金投入系数将近高级人力资本系数的3倍，说明资本对于我国创新乃至高质量发展的作用更大。对比各区域模型（2）中高级人力资本与资金投入系数之比，从高到低依次为：东北、东部、西部、中部。说明在东北和东部，高级人力资本与资金投入对高质量发展所起作用大体相当。而中西部地区 R&D 资金投入对高质量发展所起的作用更大。这也说明，在东北和东部地区加大对高层次人力资本的培养及引进，能比在中西部更促进高质量发展。

（二）人力资本年龄结构与高质量发展

当前的一个热门话题就是“人口红利”的逐步消失，及其对中国经济的消极影响。所谓“人口红利”就是指劳动人口在总人口中占比较高，抚养比较低，为经济发展创造了有利的人口条件。2019年，中国新出生人口仍比2016年减少了321万人、出生率比2016年下降了2.47‰，人口自然增长率为3.34‰，属于低生育水平。从人口结构上看，我国已经进入老龄化社会。2019年，15～64周岁的人口为98910万人，占总人口的比重为70.65%；65周岁及以上人口17603万人，占总人口的12.57%。许多学者认为，一方面逐步下滑的生育率使未来中国新增劳动力不断减少，而另一方面人口老龄化比重的不断上升又让经济背上了沉重的负担。由图1可见，我国人口抚养比和老年抚养比正在逐步上升，二者叠加，中国的“人口红利”正在逐步消失。流行的观点认为，这将导致中国未来劳动力不足，人工成本被迫大幅上升，利润空间减小，经济因此发展趋缓乃至下滑。

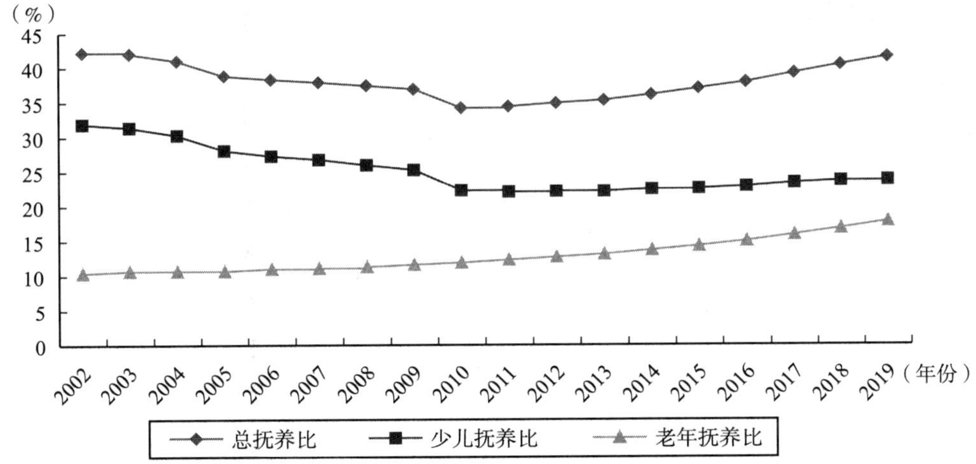

图1　2000～2019年人口抚养比情况

资料来源：根据国家统计局网站 http：//data. stats. gov. cn/index. htm 整理。

但未来中国经济走势真的会像这些专家预测的这样悲观吗？“人口红利”的消失真的会让高质量发展无法实现吗？本文认为未必如此。“人口红利”理论将劳动力视为简单的生产要素，与物质资本处于同一地位。如果仅仅因为劳动力的增多就能引起经济的飞跃的话，那么为何许多非洲、中东国家人口暴增、年轻人口比例高居世界前列却没有带来快速发展，甚至连吃饭都成问题？可见，这种观点没有考虑人力资本的实现环境、创新能力，以及人力资本升级带来的劳动生产率提高等因素对于经济的影响。其所观察的仅仅是“人口数量红利”而不是“人口质量红利”。经济的一时高速增长可以依靠大量低端劳动力，以低廉的人工成本取得竞争优势获得快速发展。例如，改革开放以来我国沿海地区大量涌现的乡镇企业吸纳了上亿的农村剩余劳动力，创造大量财富的同时，也使我国成为“世界工厂”。但不可能在长期中一直如此。目前，沿海地区普遍面临人工成本攀升、无法与内地及海外廉价劳动力竞争的不利局面。大量劳动密集型企业纷纷转移至人工成本更低的地区。沿海地区已充分意识到必须依靠技术升级来保证经济的可持续发展。在国外，仅仅依靠大量廉价劳动力优势、搞出口加工发展模式的国家如泰国、印度尼西亚，也没有成为发达国家。

是不是缺少大量廉价劳动力就不能保持经济长期稳定发展了呢？不是。发达国家的实践证明发挥“人口质量红利”，即依靠不断提升人力资本水平、不断改善制度环境来提高劳动生产率、不断创新来开发新的增长点，是可以实现长期高质量发展的。例如韩国早在1990年代“人口红利”就逐步消失，但依靠加大人力资本积累，改善创新、创业环境，成功跨越了“中等收入陷阱”，步入发达国家行列。而且这种发展显然要比单纯依靠投入大量资本、廉价劳动力换得的发展更为高质量。

目前，人工智能技术正在逐步进入生产领域，各种智能软硬件正在逐步取代低端劳动力，相信在不久的将来，这场技术革命将在更大范围展开。这就为在劳动力增量减少的情况下保持经济稳定增长提供了可能。而且，这种技术对低端人工的替代所带来的经济增长模式无疑符合高质量发展的要求。可以想象，在人工智能大规模应用于生产领域的时候，“人口红利”对于高质量发展的影响就不会多显著了。此外，“人口红利”影响经济发展说的另一个缺陷在于完全不考虑老年人口的作用，将他们排斥在为经济做贡献的范围之外。许多老年科学家尽管已过了创新的黄金年龄，但他们可以以丰富的经验为后来者指导方向、培养接班人。许多老年企业家管理的企业不仅蓬勃发展而且不断创新。即使没有从事这么高层次的工作，许多老年人承担家务、照料子孙，让子女能腾出更多时间、精力从事生产劳动。这难道不是解放了更多劳动力，以间接方式创造财富吗？只要他们还在劳动，哪怕是家务劳动，他们就不是社会的负担。所以，人力资本年龄结构中老龄人口比重的上升并不一定对高质量发展构成掣肘因素。同理，人力资本年龄结构中年轻人口比重增加也不一定对高质量发展有利。关键在于人力资本能否与不断发展的生产力相适应。只要能提高人力资本水平，完善市场经济体制，由依靠“人口数量红利”转为依靠“人口质量红利”，就有望实现长期的高质量发展。

四、促进高质量发展与人力资本相互协调发展的建议

1. 改善制度环境，激发人力资本创造力

近一段时间，多座城市接连推出大量优惠政策吸引人才安家落户，让“抢人大战”不断升级。但需指出的是，靠落户的优惠条件招揽人才是不可持续的，只能在短时间内起到一定效果。真正能让人才愿意来且留得住的是能让他们实现个人价值的合适环境。而这种合适环境是靠制度体系来保障的。新制度经济学派强调制度安排对经济发展的影响，将制度设定为经济发展的内生变量，认为只有在合理的制度保护下，经济才能获得良好的发展。否则，生产要素的投入并不能带来相应的经济发展。本文通过对“辽宁悖论”现象的分析也得出同样结论，人力资本所处的制度环境比人力资本水平更能影响经济发展。良好的制度安排能激发人力资本的潜力，创造出更多财富。而市场经济制度被证明是到目前为止最为有效的激励制度。因此，为实现高质量发展，必须建立完善的市场经济制度体系，让市场机制督促人力资本不断创新、努力工作。政府在这个过程中要尊重市场经济规律，避免行政权力对人力资本配置的不当干预。政府还要健全产权尤其是知识产权保护机制，为人力资本发挥潜能创造良好的外部环境。

2. 加大人力资本积累，释放人口质量红利

日本、韩国的实践证明，在合理的制度体系中加大人力资本积累、实现人口教育结构优化，对于后发国家实现赶超战略、冲出“中等收入陷阱”是必不可少的步骤。我国现阶段，加大人力资本积累的目标是不仅要“普九”，还要努力普及高中教育，并扩大接受高等教育人群比例。此外，学前教育已经被证明是所有教育中回报效率最高的，因此，义务教育应向教育链条的两端延伸。加大对学前教育的投入势在必行。职业培训也是增加人力资本积累的主要手段。在不断加大政府和公益组织对于职业教育投入的同时，可以积极将民间资本引入这一领域。目前，人力资本服务业产业园的大量设立、人力资本服务业企业频频获得巨额融资说明民间资本进入这一领域的积极性很高。政府应对民间资本给予优惠政策，这不仅有利于提高人力资本质量，还能获得新的经济增长点，助推经济的高质量发展。医疗保健投资是人力资本积累的另一个主要途径。对比改革之初，我国的公共医疗服务水平已经有了很大提高，但仍不能满足人民日益增长的医疗需要。加大对公共医疗服务的投入，不仅可以提高人力资本水

平，还符合高质量发展中的共享理念。

3. 改变传统观念，鼓励创业、激发企业家精神

目前国家已密集出台一系列鼓励大众创业的政策。创业需要具有一定的经营才能，即企业家才能。企业家才能也是一种特殊人力资本，这种人力资本是个人天赋和后天不断努力的结合，且只有少数人才拥有，因此具有相对稀缺性。即使具备企业家才能也不能保证一定可以经营好企业，还要受政策、市场环境、资本实力等方方面面因素的影响，尤其在创业之初，企业抵御风险的能力更弱。因此，即使在成熟的市场经济体制中创业失败的比率也是相当高的。为了鼓励创业，全社会应该营造一种对创业者宽松包容的氛围。但我国的传统文化重人伦、讲究礼制，崇尚等级秩序，人们习惯在秩序安排下过群体生活。人们几千年在这种关系支配下养成了安于现状、墨守成规的心态，害怕竞争、凡事不愿做“出头鸟”。这与市场经济崇尚竞争、自由进取的理念格格不入。这就更需政府与广大媒体努力消除不适应现代市场经济社会的陈腐理念。还要不断挖掘、发扬传统文化中有利于创业的一面，如弘扬进取的“天行健，君子自强不息”、鼓励致富的“君子爱财，取之有道”等理念。在宣传中应加强对企业家的正面宣传，对标新立异者不能压制、而要宽容。同时，对小微企业给予更多社会关注，增加反映他们呼声的渠道，增加企业家参与政治生活及公共事务管理的机会。总之，营造良好的社会氛围，鼓励创业、弘扬企业家精神，优秀的企业家才能不断涌现。企业家的本质是创新，创新又是高质量发展的第一驱动力。企业家精神的发扬光大一定会极大地促进经济的高质量发展。

综上所述，高质量发展与人力资本密不可分，受人力资本各个因素的直接影响。为在我国实现经济社会的高质量发展，在加大人力资本积累力度的同时，必须营造人力资本发挥潜力的良好制度环境，即健全市场经济制度体系、鼓励创新、创业、弘扬企业家精神。这将是一个长期渐进的过程，但必将是我国跨越“中等收入陷阱”、成为发达国家的必由之路。

参考文献

［1］ Benhabib Jess & Mark M. Spiegel. The Role of Human Capital in Economic Development, Evidence from Aggregate Cross-country Data ［J］. Journal of Monetary Economics, 1994, 34 (2): 143 – 173.

［2］ Hans J. Engelbrecht. The Role of Human Capital in Economic Growth: Some Empirical Evidence on the Lucas vs Nelson Philps Controversy ［R］. Discussion Paper No. 1, 2001, 2.

［3］ J. B. Madsen et al. Catching up to the Technology Frontier: The Dichotomy between Innovation and Imitation ［J］. Canadian Journal of Economics, 2010, Vol. 43 (4): 1389 –1411.

［4］ Lucas, Robert, E.. On the Mechanics of Economic Development ［J］. Journal of Monetary Economics, 1988, 22 (1): 3 –42.

［5］ Mankiw N. G., Romer D., Weil D.. Acontribution to the Empirics of Economic Growth ［J］. The Quarterly Journal of Economics, 1992 (107): 407 –437.

［6］ Nelson Richard R. & Phelps Edmund S.. Investment in Humans, Technological Diffusion, and Economic Growth ［J］. American Economic Review, 1966 (61): 69 –75.

［7］ Nunes Sim Oes, Marta Cristina. Different Roles for Human Capital in Economic Growth ［C］. Papers and Proceedings, "Old and New Growth Theories: An Assessment", 2001.

［8］ Papageorgiou C. Human Capital as a Facilitator of Innovation and Imitation in Economic Growth: Further Evidence from Cross Country Regressions ［R］. Louisiana State University Working Paper, 1999, No. 98 –16.

［9］ Robert J. Barro, Xavier Sala –I –Martin. Economic growth ［M］. McGraw –Hill, Inc., 1995: 9.

［10］ Romer, Paul M. Endogenous Technological Change ［J］. Journal of Political Economy, 1990, Vol. 98 (5): 71 –102.

［11］ S. Nasreenetal. Institutions, Investment and Economic and Growth: Across-country Panel Data Study ［J］. Singapore Economic Review, 2015, Vol. 60 (4): 1 –19.

［12］ Teixeira, A. A. C. &A. S. S. Queirós. Economic Growth, Human Capital and Structural Change: A Dynamic Panel Data Analysis ［J］. Research Policy, 2016, 45 (8): 1636 –1648.

［13］ 白云飞，马树才．人力资本产权效应、要素投入与经济增长［J］．辽宁大学学报（哲学社会科学版），2017（3）：45 –54.

［14］ 昌先宇，赵彦云．中国人力资本经济增长效应的计量研究—基于省际空间面板数据的实证分析［J］．统计与信息论坛，2017（11）：10 –20.

［15］ 杜伟，杨志江，夏国平．人力资本推动经济增长的作用机制研究［J］．中国软科学，2014（8）：173 –183.

［16］ 金碚．关于“高质量发展”的经济学研究［J］．中国工业经济，2018（4）：5 –18.

［17］ 李昕，关会娟．人力资本积累对我国经济增长影响的机制分析［J］．审计

与经济研究，2017（3）：100－108.

［18］刘智勇，胡永远，易先忠．异质型人力资本对经济增长的作用机制检验［J］. 数量经济技术经济研究，2008（4）：86－96.

［19］宁熙，朱晓明，蒋科瑛．人力资本产权残缺：诠释浙江－陕西经济增长之谜［J］. 人口与经济，2005（4）：28－32.

［20］任保民，文丰安．新时代中国高质量发展的判断标准、决定因素与实现途径［J］. 改革，2018（4）：5－16.

［21］王小鲁，樊纲，余静文．中国分省化市场指数报告2018［M］. 北京：社会科学文献出版社，2018：214.

［22］袁富华，张平，陆明涛．长期经济增长过程中的人力资本结构－兼论中国人力资本梯度升级问题［J］. 经济学动态，2015（5）：11－21.

［23］张健．优化营商环境，要破解"三个不相信"［N］. 人民日报，2017年03月22日（05版）.

Analysis of Human Capital Factors Affecting High Quality Development

Bai Yunfei

Abstract：All factors of human capital directly affect the development of high quality. This paper expounds the function mechanism of human capital on high quality development and the requirements of high quality development on human capital. This paper analyzes the phenomenon of Liaoning Paradox and points out that the institutional environment in which human capital is located affects the quality of economic development. The influence of human capital education structure and age structure on high quality development is analyzed. It is pointed out that high-level human capital plays a far greater role in high-quality development than low-level human capital; the disappearance of "population dividend" does not mean that highquality development can't be achieved, and the only way to achieve highquality development is to give full play to "population quality dividend".

Keywords：Highquality development　Human capital　Institutional environment　Human capital structure

环境规制对中国经济高质量发展的影响研究

宋君卿　孔　博*

摘　要：“十四五”时期，我国经济高质量发展进入了新的阶段，但生态环境问题仍然是我们实现经济高质量发展的关键阻碍之一。本文在理论分析的基础上，构建了经济高质量发展的综合评价指标体系，利用全国省级面板数据实证检验了环境规制对经济高质量发展的影响。研究结果表明：从总体来看，环境规制显著提升了中国经济高质量发展水平。从分维度指数来看，环境规制显著提升了经济高质量发展的动力指数、生态指数、民生指数、开放指数，但对结构指数并无显著影响。从不同区域来看，环境规制带来了东部沿海地区经济高质量发展的改善，却没有显著提升中西部地区的经济高质量发展水平。从非线性回归来看，环境规制与中国经济高质量发展水平之间呈倒“U”型关系，当前发挥助推作用；在东部沿海地区二者同样呈现倒“U”型关系，当前环境规制水平位于曲线左侧，仍然发挥促进作用；在中西部内陆地区则呈“U”型关系，当前环境规制水平尚未越过拐点处，并未发挥出对经济高质量发展的促进作用。

关键词：环境规制　经济高质量发展　动态面板模型

一、引　　言

改革开放以来，我国经济社会发展取得巨大成就，创造了世界奇迹。但是中国经济取得辉煌成就是以牺牲环境为代价的，我国的经济社会发展与生态环境之间的矛盾

* 作者简介：宋君卿（1969～），女，辽宁丹东人，辽宁大学经济学院副教授，研究方向：规制经济，sjunqing@163.com；孔博（1996～），女，辽宁铁岭人，辽宁大学经济学院硕士研究生，研究方向：规制经济，2654396069@qq.com。

日益突出。随着“十四五”规划和实现2035年远景目标的推进，解决好环境与经济发展之间的问题仍旧是重中之重。当前我国环境规制的法规体系不断完善，环境规制种类日益多样化，我们有条件也有能力去把生态文明建设的更好。那么环境规制能否在解决环境问题的同时，助推经济高质量发展？因此，探讨环境规制能否推动经济高质量发展以及如何推动经济高质量发展，具有重要的理论意义和现实意义。

二、文献综述

环境规制通常指为了实现保护环境和经济发展的双重目标，政府制定实施各项政策与措施的行为。关于环境规制的经济效应主要有以下几种说法：抑制论的观点认为在严格的环境规制下，即使能够促进技术创新，但其产生的利润不足以对企业增加的成本进行补偿。尼勒（Kneller，2012）对环境规制的挤出效应进行了实证检验。研究表明严格的环境规制直接导致了制造业研发支出的减少，不利于企业技术创新和资本积累。吴敏洁（2019）、游达明（2019）发现环境规制抑制了制造业的产业结构升级。促进论的观点认为环境规制可以推动技术创新并能部分甚至完全抵消遵循环境规制的成本，使企业更具有竞争优势。丹尼尔（2016）、艾哈迈德（2018）基于库兹涅茨假说进行了研究，结果表明环境规制对经济增长有正向助推作用。郭捷（2020）认为环境规制对绿色技术创新有显著正向影响。不确定论的观点认为环境规制的经济效应并非简单的线性关系。格罗斯曼（1991）对42个国家的环境规制与经济增长之间的关系进行了研究，结果表明二者之间呈倒U型曲线关系。康志勇（2020）、于鹏（2020）发现环境规制强度和技术创新之间存在非线性关系。

关于环境规制与经济增长的关系，学者们已经做出了大量的研究。近几年随着高质量发展概念的提出，考察环境规制的经济效应不再仅仅考虑经济增长情况，而逐渐重视经济发展质量。一类学者从宏观视角考察了环境规制与高质量发展之间的关系。石华平（2020）、王群勇（2018）将全国划分为东、中、西三大区域，分析了环境规制对经济高质量发展的影响。上官绪明（2020）分析了环境规制、科技创新对经济高质量发展的影响机理，空间杜宾模型的实证结果表明二者对经济发展质量有明显的提升作用。范庆泉（2020）利用Shooting方法计算出鞍点路径上的均衡点，认为最优化的环境规制政策可以起到减排和激励培育新动能的效果。詹新宇（2019）认为地方政府之间的竞争会影响经济增长，由此对经济竞争、环境规制、高质量发展三者之间的关系进行了实证分析。另一类学者基于微观层面来研究环境规制对企业高质量发展的影响。张倩（2018）分析了环境规制对煤炭企业高质量发展的影响机理，并推导出环境规制下企业绿色发展的策略选择。唐晓华（2020）采用门槛模型实证了环境规制对制造业高质量发展的影响，认为环境规制推动了制造业高质量发展，创新效应和能源效应在这个过程中起到中介作用。杨仁发（2020）也考察了环境规制对制造业高质量发展的影响，认为二者之间存在“U”型关系，不同的技术水平下二者之间的关系存在异质性。石大千（2019）认为环境规制的创新效应大于挤出效应，提升了企业的全要素生产率和劳动生产率，从而促进了企业的高质量发展。涂正革（2019）认为企业高质量发展的核心是减排和增效，整体来看，减排效果并不显著，但随着环境规制强度的提高，减排和增长效应会逐渐凸显。就企业异质性角度看，排污费标准的调整对国有企业绩效产生负面影响，对大型企业和税收较高企业的绩效产生正面影响。

通过对以上文献的梳理可以看到，国内外学者已从多个角度，运用多种方法对环境规制的经济效应进行了分析，随着高质量发展概念的提出，学者们从研究环境规制对经济增长的影响逐渐转变为考察环境规制与经济高质量发展之间的关系。在此基础上，本文基于高质量发展指数的测量特征，分别从综合评价指数、分维度指数以及区域视角考察了环境规制对经济高质量发展的影响，并运用对比分析法，从不同视角分析环境规制对经济高质量发展的影响，以期能够细致地反映二者之间的关系，从而实现经济高质量发展与环境保护的良性互动。在指标选取上，多数学者用单一指标来衡量高质量发展，而本文结合理论分析，紧扣新发展理念构建了综合评价指标体系，以期全面、客观地分析环境规制对经济高质量发展的影响。

三、环境规制对经济高质量发展的影响机制分析

在进行分析之前，需要先了解一下经济高质量发展的内涵。高质量发展是经济发展能满足人民日益增长的美好生活需要的经济发展方式、结构和动力状态（金碚，2018）。实现经济高质量发展，提高全要素生产率，就要实现动力转换，要培育以创新驱动为核心的经济增长新动力（陈昌兵，2018）。经济结构优化是高质量发展的必然要求，要不断实现产业结构、投资消费结构、区域结构等的优化及经济运行的稳定性（赵剑波，2019）。此外，高质量发展要以五大发展理念为根本理念、以高质量为根本要求、以持续为根本路径（李金昌，2019）。基于以上观点，本文分别从动力转换、结构调整、生态保护、民生福祉、对外开放五个维度来分析环境规制对经济高质量发展的影响。

（一）动力转换视角

“十四五”时期是新旧动力转换的关键期，要实现经济从高速增长向高质量发展

转变，技术创新是根本动力。环境规制对企业技术创新的影响是双重的，一方面，环境规制会带来成本压力，这就会增加企业的费用，不利于企业技术创新，难以推动经济发展质量。另一方面，企业为了缓解环境规制所引致的成本压力，进行自主创新，优化生产工艺，利用技术优势既减少了污染排放又能提高生产效率，从这个角度看，环境规制引致的技术创新动力会推动经济的高质量发展。此外，企业为了达到环境规制所制定的排污标准，就要进行生产技术的革新，生产绿色环保产品，这就需要拥有较高的人力资本水平。通过将高技能人才与先进技术设备结合在一起，形成绿色发展模式，提升绿色全要素生产率。环境规制可以通过完善企业员工结构来提升企业绩效，从而推动高质量发展。这主要是因为环境规制所带来的绿色发展优势有助于吸引更多高素质人才流入，从而优化了企业的人力资本水平。

（二）结构调整视角

经济高质量发展需要结构优化调整作为重要支撑。环境规制有助于调整产业结构。第一，环境规制的增强会形成绿色门槛，从而有助于那些污染较严重的企业实现产业的高级化，侧重于发展对环境友好、污染较轻的产业。第二，环境规制中的税收优惠、补贴金等政策使得环境管理更加灵活，有利于激励企业改变内部发展模式，尤其是培育和发展绿色高新技术产业，促进整体的产业结构优化。环境规制有助于优化投资消费结构。环境规制会增加企业在成本方面的负担，从而改变企业的投资方向，为企业带来结构优化的好处，资本会不断从高污染、高能耗产业向清洁型产业、高新技术产业流动，从而以更低的要素投入和环境代价实现经济的高质量发展。此外，随着人们环保意识的提高，对产品的偏好既体现在使用价值上，又凸显于环保价值中，即人们会更加侧重绿色消费模式，选择绿色环保产品。投资和消费结构的优化提升了企业效益且满足了群众的高质量需求，助推了高质量发展。

（三）生态保护视角

环境规制的政策导向与生态保护的本质特征是一脉相承的。一方面，环境规制会引致“治污减排”效应。企业会选择减少投入高污染要素，增加清洁型生产要素的投入，从而在源头上预防和减少污染物排放；通过研发创新生产过程中的技术，降低废弃物排放，实现过程控制；不断提升治污水平，治理已经形成的污染物，从而减少最终污染排放量，这就形成了末端治理。另一方面，环境规制会引致“节约资源”效应。环境规制使得资源使用方面存在机会成本，价格效应会致使企业选择革新资源利用技术，降低消耗、减少损失和制止浪费，有效合理地利用资源。企业会提高资源利用效率，发展循环经济，降低高污染资源的使用，优先选择清洁可再生资源进行生产活动。在环境规制的影响下，企业不断优化资源使用数量和使用结构，减少污染排放，最终形成“绿色化”“生态化”的资源利用模式，从而助推经济高质量发展。

（四）民生福祉视角

发展的根本目的在于增进人民福祉，吃放心的食物、喝纯净的水、呼吸清新的空气，事关人民群众的生产生活和幸福感。在环境规制下，企业会优化生产工艺，减少“三废”排放，达到排污标准，从而使天更蓝、水更清，自然生态环境逐渐优化，从而提升人民身体健康水平，实现人民群众最质朴的诉求。同时，环境规制促使基础设施建设更加完善，绿色生活方式深入民心，提升了人民生活质量，增加居民归属感和幸福感。要实现高质量发展，必须在发展中保障和改善民生，收入水平是衡量人民生活水平的重要指标。随着环境规制强度的增强和环境规制体系的完善，企业会采用清洁生产技术，增加企业生产绩效，带来国民经济生产总值的提高，从而增加了人民群众的收入水平。而且，环境规制下政府对企业征收税款时，税收的调节收入分配功能可以促进社会公平正义，从而推动经济高质量发展。因此，环境规制不仅能留住绿水青山，还能创造金山银山。

（五）对外开放视角

对外开放是推动经济高质量发展的必由之路。一方面，环境规制会带来贸易壁垒。一些发达国家实施严格的环境规制，这对不满足法律规定和技术标准的国家来说就形成了贸易壁垒。面向竞争日趋激烈的国际市场，那么一些没有符合标准的企业只能望而却步。此外，在环境规制下，本国企业生产行为的不确定性增加，使外资企业难以准确把握本国市场形势，形成了投资壁垒，导致外商直接投资减少，一定程度上不利于国际贸易，从而降低了开放水平，不利于经济的高质量发展。另一方面，环境规制为企业带来新的市场契机。当环境规制政策实施时，率先进行技术革新、供给清洁产品的企业会在市场上获得先动优势，通过绿色创新可以增强一国产业的国际竞争力，改善不利的产业分工地位，逐步向全球价值链分工的中高端迈进。此外，环境规制会在一定程度深化对外开放程度，在一些治污水平并不高的技术领域上，会考虑引进国外高水平的治污设施和技术，提升企业生产效率，促进经济高质量发展。

综上所述，根据高质量发展的内涵，环境规制分别从动力转换、结构调整、生态保护、民生福祉、对外开放五个维度对经济高质量发展产生了影响（见图1），在影响过程中作用的机制不同，最终的影响效果也不同，那么环境规制能否推动经济高质量发展呢？最终要看是促进作用大一些还是抑制作用更显著一些。

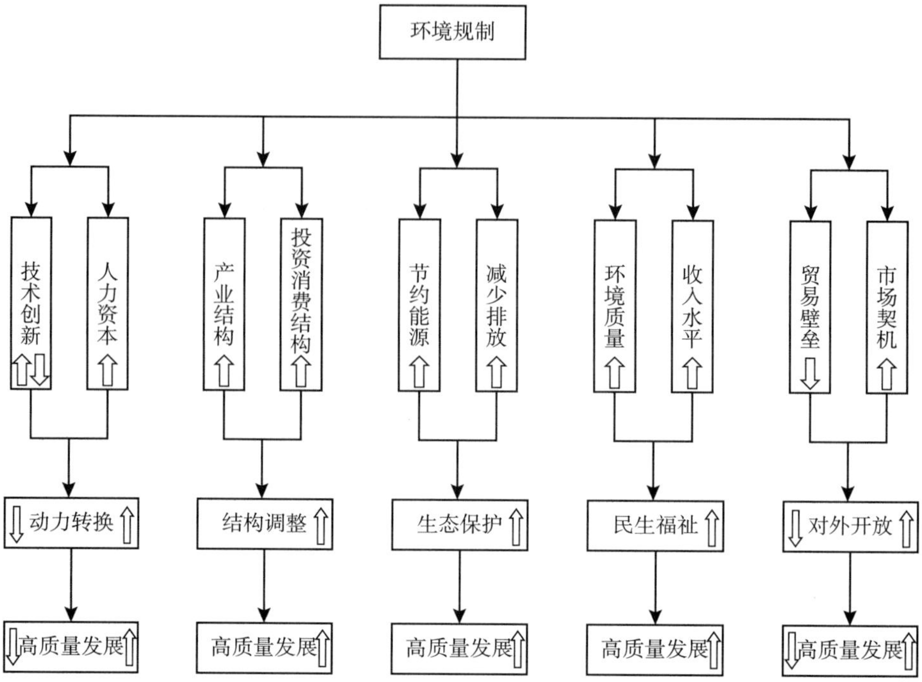

图 1　环境规制对经济高质量发展的影响机制

四、计量模型、变量与数据

（一）模型设定

通过理论分析可以看到，环境规制对经济高质量发展的影响是不确定的，既发挥存在正向促进作用，又存在抑制机制，二者之间孰大孰小将会影响最后的结果。考虑到环境规制和经济高质量发展之间可能存在一定的路径依赖和区域异质性问题，本文采用系统 GMM 法对以下两个模型进行检验。

基本模型：

$$Quality_{i,t} = \beta_0 + \beta_1 ER_{i,t} + X_{i,t} + \varepsilon_{i,t}$$

引入被解释变量一阶滞后项的动态模型：

$$Quality_{i,t} = \beta_0 + \beta_1 Quality_{i,t-1} + \beta_2 ER_{i,t} + X_{i,t} + \varepsilon_{i,t}$$

其中，Quality 代表高质量发展，用下文测算的各地区高质量发展综合评价指数表示，ER 代表环境规制强度。

（二）变量选取

1. 被解释变量

高质量发展综合评价指数（quality）。在前文理论分析的基础上，从动力转换、结构调整、生态保护、民生福祉、对外开放五个维度构建高质量发展的评价指标体系，如表 1 所示。

表 1　经济高质量发展的指标体系选择

一级指标	二级指标	三级指标	指标属性
动力转换	创新能力	R&D 投入	正
		人均专利授权量	正
结构调整	产业结构	第三产业增加值占 GDP 比重	正
	投资结构	投资率	正
	消费结构	消费率	正
	城乡结构	居民城镇化率	正
	分配结构	城乡居民收入比	负
生态保护	污染水平	每万元 GDP 工业废水排放量	负
		每万元 GDP 工业固体废弃物排放量	负
		每万元 GDP 能耗	负
	绿化水平	人均公园绿地面积	正
民生福祉	生活水平	城镇居民恩格尔系数	负
		农村居民恩格尔系数	负
	就业水平	城镇登记失业率	负
	福利水平	教育支出占财政支出比重	正
		每千人拥有卫生机构床位数	正
对外开放	开放水平	进出口额占 GDP 比重	正
	利用外资	外商直接投资占 GDP 比重	正

2. 解释变量

环境规制强度（ER），本文选择工业污染治理投资占 GDP 的比重来衡量环境规制强度。

3. 控制变量

控制变量的选取要考虑其他因素对经济高质量发展的影响。本文在借鉴赵涛

(2020)、刘志彪(2020)、何冬梅(2020)等的研究基础上，考虑到数据的可获得性，选取创新效率(innovate)、政府干预程度(government)、市场化水平(market)以及金融发展水平(finance)四个控制变量。其中，创新效率用专利授权数占申请数比重衡表示；政府干预程度用地方财政支出占地区 GDP 比重表示；金融发展水平用金融业增加值占 GDP 的比重表示；市场化水平用私人企业就业人数和总就业人数的比值表示。

(三) 数据说明

本文采用全国 30 个省份 2008 ~ 2017 年的面板数据，数据主要来源《中国统计年鉴》《中国环境年鉴》《中国环境统计年鉴》以及各省份国民经济与社会发展统计公报等。

五、实证结果与分析

(一) 基本回归结果分析

为了缓解内生性问题，本文引入被解释变量的一阶滞后项作为解释变量，采用两步法的系统 GMM 进行回归分析。表 2 显示了环境规制对中国经济高质量发展水平影响的基本回归结果，其中 AR(1)小于 0. 1、AR(2)大于 0. 1、Sargan 大于 0. 1，通过了两个检验，说明模型设定以及工具变量的选择是合理的。

本次基础回归分析采取了两种方式，一是不加入控制变量，二是加入控制变量，旨在检验控制变量在选择上是否合理。不加入控制变量的回归结果如表 2 中的第一列所示，ER 回归系数在 5% 的水平上显著为正，数值为 0. 012，说明环境规制每加强 1 单位，将会带来经济高质量发展综合指数 0. 012 单位的增加，表明环境规制政策能够实现环境保护与经济增长的双赢目标，促进高质量发展。接下来，在第 3 ~ 6 列也就是在模型(2)(3)(4)(5)上逐步引入创新效率、政府干预、金融水平、市场化水平等控制变量，估计结果显示，变量 ER 的回归系数为正，并在 5% 的水平上显著，且波动幅度不大，保持在 0. 008 ~ 0. 012 之间，表明回归结果是稳定可靠的。从控制变量来看，创新效率的回归系数在 1% 的水平上显著为正，表明技术创新可以提升经济高质量发展水平，也充分说明了创新能力是驱动“中国号”列车行稳致远的重要燃料，未来我们仍然要唱好创新驱动的主旋律。政府干预的回归系数在 1% 的水平上下为正，表明政府财政支出对经济高质量发展具有显著的正向助推作用。市场化水平为正，但是不显著，可能是因为存在时滞性。金融发展水平系数为负，可能的原因是由于过去粗放型的发展经济模式，金融资本主要流向了高污染、高能耗产业，产业结构失衡，不利于经济的高质量发展。

表 2　　环境规制对中国经济高质量发展影响的回归结果

变量	模型（1）	模型（2）	模型（3）	模型（4）	模型（5）
L. quality	1.016 *** (41.52)	1.062 *** (23.34)	1.099 *** (23.82)	1.189 *** (32.77)	1.186 *** (16.12)
ER	0.012 ** (3.08)	0.008 * (1.83)	0.012 ** (2.18)	0.011 ** (2.28)	0.008 ** (1.98)
Innovate		0.059 ** (2.38)	0.098 *** (2.73)	0.105 *** (3.91)	0.099 *** (3.10)
Government			0.102 ** (1.98)	0.162 *** (6.90)	0.162 *** (3.58)
Finance				-0.033 *** (-3.62)	-0.040 *** (-3.32)
Market					0.002 (0.15)
Constant	-0.009 (-1.02)	-0.047 * (-1.83)	-0.111 *** (-3.23)	-0.11 *** (-4.92)	-0.092 *** (-2.95)
AR（1）	0.002	0.005	0.006	0.004	0.005
AR（2）	0.377	0.176	0.119	0.151	0.173
Sargan	0.119	0.404	0.167	0.191	0.300

注：t 检验　*** $p<0.01$，** $p<0.05$，* $p<0.1$（下表同）。

（二）分维度的回归结果分析

为了更好地分析环境规制是如何作用于经济高质量发展的各个方面，本文从不同维度进行考虑，分别以动力指数、结构指数、生态指数、民生指数、开放指数作为被解释变量进行了实证检验，结果如表 3 所示。第一列显示了环境规制对动力维度指数影响的回归结果，ER 的系数在 5% 的水平上显著为正，表明环境规制通过促进绿色技术创新和吸引高素质人才，为经济高质量发展注入活力，推动经济高质量发展。第二列显示的是环境规制对结构维度指数的回归结果，ER 的系数为正，但不显著，说明环境规制对结构维度指数无明显影响。可能是因为结构维度指数的构成包括产业结构、投资结构、消费结构、分配结构、城乡结构，虽然环境规制在一定程度上带来产业结构、投资、消费结构的升级，但对总体经济结构的影响并没有那么大。第三列显示的是环境规制对生态维度指数的影响结果，ER 的系数在 5% 的水平上显著为正，表明环境规制通过节能减排可以带来生态环境的改善。第四列显示了环境规制对民生指数的影响结果，ER 的系数显著为正，表明在环境规制下，人民群众的幸福指数逐步提升。第五列显示了环境规制对开放指数的影响结果，ER 的系数显著为正，说明环境规制可以改善我国的对外开放水平，提升我国的国际竞争力。

表 3　环境规制对中国经济高质量发展影响的分维度指数回归结果

变量	模型（1）	模型（2）	模型（3）	模型（4）	模型（5）
	动力指数	结构指数	生态指数	民生指数	开放指数
L. quality	0.520*** (2.78)	0.953*** (13.65)	0.840*** (15.74)	1.085*** (27.02)	0.850*** (26.24)
ER	0.006** (2.22)	0.001 (0.90)	0.001** (2.32)	0.003* (1.82)	0.007* (1.89)
Innovate	−0.042*** (−4.19)	0.029** (2.58)	−0.001 (−0.27)	0.017** (2.59)	0.014* (1.80)
Government	−0.032* (−1.65)	−0.059*** (−2.72)	−0.001 (−0.20)	0.011 (0.93)	−0.075*** (−3.61)
Finance	0.027*** (3.12)	0.017*** (3.91)	0.002 (1.15)	−0.005 (−1.44)	0.017** (2.47)
Market	−0.003 (−0.26)	−0.009 (−0.52)	0.004** (2.42)	0.003 (0.53)	−0.01 (−1.01)
Constant	0.027*** (2.98)	−0.016* (−1.73)	0.007*** (3.12)	−0.012** (−2.50)	−0.012 (−1.18)
AR（1）	0.01	0.025	0.001	0.000	0.013
AR（2）	0.513	0.102	0.731	0.637	0.137
Sargan	0.596	0.195	0.107	0.883	0.420

从控制变量看，各个控制变量对各维度指数的影响是不同的。技术创新提高了结构维度指数、民生维度指数以及开放维度指数；政府干预不利于动力维度指数、结构维度指数以及开放维度指数的发展；金融水平带来了动力维度指数、结构维度指数以及开放维度指数的改善；市场化水平可以显著提高生态维度指数的发展水平。

（三）分区域的回归结果分析

我国幅员辽阔，不同的区域在经济发展、科技水平、资源禀赋等方面存在着明显差异，因此有必要从不同区域角度分析环境规制对经济高质量发展的影响，从而可以促进区域经济协调发展，如表 4 所示。

表 4　　环境规制对经济高质量发展影响的分区域回归结果

变量	模型（1）	模型（2）
	东部沿海	中西部内陆
L. quality	0.875*** （3.21）	1.148*** （12.79）
ER	0.018* （1.87）	-0.007* （-1.65）
Innovate	0.143*** （2.82）	-0.008 （-0.25）
Government	0.735 （0.84）	0.259*** （3.00）
Finance	-0.047 （-0.53）	-0.076*** （-3.61）
Market	0.047 （0.50）	0.034 -0.77
Constant	-0.124*** （-3.30）	0.007 （0.21）
AR（1）	0.020	0.001
AR（2）	0.374	0.245
Sargan	0.185	0.221

表中第一列显示了在东部沿海地区环境规制对经济高质量发展的影响，环境规制系数显著为正，表明环境规制助推了此地区经济高质量发展。东部沿海地区作为我国经济发展、技术创新的前沿地区，环境规制可以成为绿色技术创新的动力，而且该地区与环境规制相关的法律和机构都较为完善，理所当然环境规制带来了经济高质量发展水平的提高。表中第二列显示了在中西部内陆地区环境规制对经济高质量发展的影响，环境规制系数显著为负，表明环境规制并没有显著地促进该地区的经济高质量发

展水平。以下因素会影响环境规制的实施效果。其一，该地区的科技水平及要素禀赋水平都相对较低，环境规制的“波特效应”无法得到好的回应；其二，为了更好地促进经济增长，可能出现政企合谋现象，这就会放宽环境规制强度，环境规制的实施显得力不从心；其三，为了更好地承接东部发达地区的产业转移，各地进行“逐底竞争”，限制了环境规制的政策效应。

（四）进一步讨论

考虑到环境规制对经济高质量发展的影响可能并非是简单的线性关系，参考王群勇（2018）、孙英杰（2018）、陶静（2019）等的研究，列出引入环境规制二次项的动态模型：

$$Quality_{i,t} = \beta_0 + \beta_1 Quality_{i,t-1} + \beta_2 ER_{i,t} + \beta_3 ER_{i,t}^2 + X_{i,t} + \varepsilon_{i,t}$$

表5显示的是引入环境规制二次项后全国层面以及区域层面的回归结果。环境规制对全国范围内经济高质量发展的影响呈倒“U”型关系，目前起到推动作用，与前面结论吻合，在东部沿海地区环境规制与经济高质量发展之间呈现倒“U”型关系，在中西部内陆地区则相反，二者呈现出“U”型关系。

表5　环境规制对经济高质量发展影响的非线性回归结果

变量	模型（1）	模型（2）	模型（3）
	全国	东部沿海	中西部内陆
L. quality	0.759*** (8.13)	0.505** (2.05)	0.986*** (12.49)
ER	0.092** (2.17)	0.125*** (2.64)	−0.044** (−2.09)
ER^2	−0.021* (−1.78)	−0.022*** (−2.70)	0.012** (2.23)
Constant	−0.037 (0.69)	0.06 (0.57)	0.099** (2.41)
AR（1）	0.003	0.056	0.002
AR（2）	0.637	0.114	0.809
Sargan	0.263	0.313	0.128

具体来看，从全国角度讲，ER的一次项系数是0.092，二次项系数为−0.021，且二者都通过了显著性检验，即环境规制对经济高质量发展的影响呈倒“U”型趋

势，随着环境规制水平的提高可以提升经济高质量发展的水平，但是其存在一个度，当环境规制强度越过拐点时，就会阻碍经济的高质量发展。可能的原因是由于不同时期的经济实力、科技实力以及资源要素禀赋的不同，环境规制发挥的效应则会不同，这也是我们倡导增强环境规制灵活性的原因所在。经计算，环境规制与经济高质量发展倒“U”型曲线的拐点值为1.83，而当前环境规制强度的平均值为1.417，显然，环境规制强度处于倒“U”型曲线左侧，尚未越过拐点，表明环境规制通过动力转化、结构调整、生态保护、民生福祉、对外开放等机制助推了经济高质量发展，这与前文线性回归的结果相一致。

从区域角度讲，在东部沿海地区，变量ER的一次项系数为0.125，二次项系数为-0.022，均在1%的水平上显著，即此地区环境规制对经济高质量发展的影响同全国样本一样，均呈现倒“U”型关系，同样，经计算所得该拐点值为2.841，而当前该地环境规制强度平均值为1.203，显然，环境规制强度位于曲线左侧，并未越过当前的拐点值，表明在东部沿海地区，环境规制显著促进了经济的高质量发展。在该区域，我们实施环境规制政策时，要注意适度而为，保持环境规制的正向促进作用。在中西部地区，回归结果则不同，ER的一次项系数为-0.044，二次项系数为0.012，二者均显著，表明此地区环境规制对经济高质量发展的影响呈现“U”型曲线关系，当环境规制强度较低时，不利于经济的高质量发展，但随着环境规制强度的增强，直到越过拐点值时，将会促进经济的高质量发展。同样，经计算所得该拐点值为1.833，而当前环境规制强度平均值为1.54，显然，环境规制强度处于曲线左侧，表明在中西部内陆地区，环境规制并没有促进经济高质量发展，回归结果同样和前文相一致。

六、结论与启示

基于以上研究，本文结论如下：

通过理论分析可以看到，环境规制对动力转换、结构调整、生态保护、民生福祉、对外开放五个方面分别产生了不同的影响，进而对经济高质量发展的影响不同，其中作用机制正负效应并存。通过实证分析可以看到，环境规制显著提升了中国经济高质量发展水平，非线性回归结果表明二者之间存在倒“U”型关系，目前环境规制水平尚未达到拐点处，仍旧是促进作用，对于经济高质量发展的不同维度来说，环境规制显著提升了经济高质量发展的动力指数、生态指数、民生指数、开放指数，但对结构指数的影响并不显著。考虑到区域异质性问题，本文针对不同的区域分析了环境规制与经济高质量发展之间的关系。在东部沿海地区，由于其经济发展水平较高以及环境规制水平较为完善，环境规制有利于推动东部沿海地区经济高质量发展的水平。二者之间的非线性回归结果显示，当前环境规制位于倒“U”型曲线的左端，发挥推动作用，在中西部内陆地区，环境规制并没有发挥对经济高质量发展的促进作用。二者之间的非线性回归结果显示，当前环境规制位于“U”型曲线的左端，环境规制并没有到达可以促进经济高质量发展的水平。

为了使环境规制更有力地促进经济高质量发展，根据研究结论，提出以下几点政策建议。

（1）完善环境规制体系，进一步推动环境规制的有效实施。第一，形成综合治理的环境规制方式。灵活运用市场激励型环境规制政策促使企业灵活选择适当的方式减少污染排放，创造良好的市场体系。畅通环境信息的公开渠道，确保公众能够有效参与到环境治理当中来。第二，增强环境规制设计的科学性。建立包括政府和官员以及企业、公众等在内的多元环境规制设计参与主体体系，提升环境规制质量。第三，提升环境规制的执行效力。加强环境规制执法队伍建设，尤其是基层执法队伍建设，完善环境规制的监督机制，提高环境规制政策的实施效率。

（2）优化环境规制的影响机制，助推经济高质量发展。第一，促进动力转换水平。加大绿色创新投资与补助力度，可以尝试建立技术创新保险制度；优化人力资本结构，通过产学研用平台吸引高素质人才向创新领域流动，提高科技创新水平。第二，实现结构调整升级。采取差异化环境规制政策，促使资金从高污染行业向清洁生产行业流动，实现绿色金融与绿色经济的协调发展。第三，提升生态保护绩效。大力推进全国范围内的碳排放交易市场建设，完善资源环境价格机制，构建生态保护统一监测系统，坚持守住生态保护红线。第四，完善民生福祉体系。重点解决损害人民生产生活的突出环境问题，健全治理环境污染的基础设施建设。利用好新媒体矩阵，增强全民节约意识，广泛开展绿色家庭、学校、社区活动。第五，深化对外开放程度。加强对外商投资的监管力度，引导外资流向绿色环保产业。密切关注“三高一低”企业，减少国内该类企业数量，提高出口产品质量，增强国际竞争能力。

（3）因地制宜地制定环境规制政策，促进区域经济协同发展。第一，制定差异化的环境规制强度。在东部沿海地区，继续发挥环境规制的可持续发展净化作用，但要掌握好分寸、尺度，防止过犹不及。在中西部地区，加大环境规制强度，使其早日越过当前拐点处，成为提高绿色技术创新水平、实现产业结构优化的动力。第二，选择恰当的环境规制工具。对于东部沿海地区，强化市场激励型环境规制的作用，激发地区经济发展新动能。对于中西部地区，逐渐完善命令控制型环境规制，但要注意“逐底竞争”的行为。两个地区都要注重公众参与型环境规制作用的发挥，让公众监督成为推动生态环境改善的源泉活水。第三，妥善处理环境与区域经济发展之间的关系。政府绩效考核体系要向优化经济结构转变；考核指标要向可持续特性转变；考核方法要向多维度考核转变。设置跨区域环境管理协调机构，施行联合治污计划，促进区域间不同企业的协作。

参考文献

[1] Ahmet Atıl Aşıcı，Sevil Acar. How does Environmental Regulation Affect Production Location of Non-carbon Ecological Footprint? [J]. Journal of Cleaner Production，2018，178.

[2] Daniel Balsalobre Lorente，Agustín Álvarez – Herranz. Economic Growth and Energy Regulation in the Environmental Kuznets Curve [J]. Environmental Science and Pollution Research，2016，23 (16).

[3] Grossman G，Kruger A. Environmental Impacts of the North American Free Trade Agreement [R]. NBER，Working Paper，1991 (11)：1 – 57.

[4] Kneller R，Manderson E. Environmental Regulations and Innovation Activity in UK Manufacturing Industries [J]. Resource and Energy Economics，2012，34 (2)：211 – 235.

[5] 陈昌兵. 新时代我国经济高质量发展动力转换研究 [J]. 上海经济研究，2018 (5)：16 – 24 + 41.

[6] 范庆泉，储成君，高佳宁. 环境规制、产业结构升级对经济高质量发展的影响 [J]. 中国人口·资源与环境，2020 (6)：84 – 94.

[7] 郭捷，杨立成. 环境规制、政府研发资助对绿色技术创新的影响——基于中国内地省级层面数据的实证分析 [J]. 科技进步与对策，2020，37 (10)：37 – 44.

[8] 何冬梅，刘鹏. 人口老龄化、制造业转型升级与经济高质量发展——基于中介效应模型 [J]. 经济与管理研究，2020，41 (1)：3 – 20.

[9] 金碚. 关于"高质量发展"的经济学研究 [J]. 中国工业经济，2018 (4)：5 – 18.

[10] 康志勇，汤学良，刘馨. 环境规制、企业创新与中国企业出口研究——基于"波特假说"的再检验 [J]. 国际贸易问题，2020 (2)：125 – 141.

[11] 李金昌，史龙梅，徐蔼婷. 高质量发展评价指标体系探讨 [J]. 统计研究，2019，36 (1)：4 – 14.

[12] 刘志彪，凌永辉. 结构转换、全要素生产率与高质量发展 [J]. 管理世界，2020，36 (7)：15 – 29.

[13] 上官绪明，葛斌华. 科技创新、环境规制与经济高质量发展——来自中国

278 个地级及以上城市的经验证据 [J]. 中国人口·资源与环境, 2020 (6): 95－104.

[14] 石大千, 胡可, 陈佳. 城市文明是否推动了企业高质量发展? ——基于环境规制与交易成本视角 [J]. 产业经济研究, 2019 (6): 27－38.

[15] 石华平, 易敏利. 环境规制对高质量发展的影响及空间溢出效应研究 [J]. 经济问题探索, 2020 (5): 160－175.

[16] 孙英杰, 林春. 试论环境规制与中国经济增长质量提升——基于环境库兹涅茨倒 U 型曲线 [J]. 上海经济研究, 2018 (3): 84－94.

[17] 唐晓华, 孙元君. 环境规制对中国制造业高质量发展影响的传导机制研究——基于创新效应和能源效应的双重视角 [J]. 经济问题探索, 2020 (7): 92－101.

[18] 陶静, 胡雪萍. 环境规制对中国经济增长质量的影响研究 [J]. 中国人口·资源与环境, 2019, 29 (6): 85－96.

[19] 涂正革, 周涛, 谌仁俊, 甘天琦. 环境规制改革与经济高质量发展——基于工业排污收费标准调整的证据 [J]. 经济与管理研究, 2019, 40 (12): 77－95.

[20] 王群勇, 陆凤芝. 环境规制能否助推中国经济高质量发展? ——基于省际面板数据的实证检验 [J]. 郑州大学学报 (哲学社会科学版), 2018, 51 (6): 64－70.

[21] 吴敏洁, 徐常萍, 唐磊. 环境规制与制造业产业结构升级——影响机理及实证分析 [J]. 经济体制改革, 2019 (1): 135－139.

[22] 杨仁发, 郑媛媛. 环境规制、技术创新与制造业高质量发展 [J]. 统计与信息论坛, 2020, 35 (8): 73－81.

[23] 游达明, 张杨, 袁宝龙. 财政分权与晋升激励下环境规制对产业结构升级的影响 [J]. 吉首大学学报 (社会科学版), 2019, 40 (2): 21－32.

[24] 于鹏, 李鑫, 张剑, 薛雅伟. 环境规制对技术创新的影响及其区域异质性研究——基于中国省级面板数据的实证分析 [J]. 管理评论, 2020, 32 (5): 87－95.

[25] 詹新宇, 曾傅雯. 经济竞争、环境污染与高质量发展: 234 个地级市例证 [J]. 改革, 2019 (10): 119－129.

[26] 张倩, 彭亦廷. 以环境规制推进煤炭企业高质量绿色发展——兼论改革开放 40 年来的环境规制发展历程 [J]. 煤炭经济研究, 2018, 38 (11): 23－28.

[27] 赵剑波, 史丹, 邓洲. 高质量发展的内涵研究 [J]. 经济与管理研究, 2019, 40 (11): 15－31.

[28] 赵涛, 张智, 梁上坤. 数字经济、创业活跃度与高质量发展——来自中国城市的经验证据 [J]. 管理世界, 2020, 36 (10): 65－76.

Study on the Impact of Environmental Regulation on the High-quality Development of China's Economy

Song Junqing　Kong Bo

Abstract: During the 14th Five - Year Plan period, our high-quality economic development has entered a new stage, but the ecological environment problem is still one of the key obstacles to our high-quality economic development. Based on the basis of theoretical analysis, this paper constructs a comprehensive evaluation index system of high-quality economic development and tested the influence of environmental regulation using the national panel data. The research results show that overall, environmental regulation has significantly improved the level of high-quality development of Chinese economy. From the perspective of sub-dimensional index, environmental regulation has significantly improved the driving index, ecology index, livelihood index and open index of high-quality economic development, but it has no significant impact on the structural index. From the perspective of different regions, environmental regulation has brought about the improvement of high-quality economic development in the eastern coastal areas, but it has not significantly improved the high-quality economic development level in the central and western regions. From the perspective of nonlinear regression, the "U" relationship between high-quality economic development in the eastern coastal areas, the current environmental regulation level is left of the curve, and the current environmental regulation level has not crossed the inflection point and does not promote the high-quality economic development.

Keywords: Environmental regulation　High-quality economic development　Dynamic panel model